SK하이닉스

Maintenance 인적성검사

SK하이닉스
Maintenance 인적성검사

개정 1판 발행	2023년 5월 4일
개정 2판 발행	2024년 5월 17일

편 저 자 | 취업적성연구소
발 행 처 | ㈜서원각
등록번호 | 1999-1A-107호
주　　소 | 경기도 고양시 일산서구 덕산로 88-45(가좌동)
교재주문 | 031-923-2051
팩　　스 | 031-923-3815
교재문의 | 카카오톡 플러스 친구[서원각]
홈페이지 | goseowon.com

PREFACE

우리나라 기업들은 1960년대 이후 현재까지 비약적인 발전을 이루었다. 이렇게 급속한 성장을 이룰 수 있었던 배경에는 우리나라 국민들의 근면성 및 도전정신이 있었다. 그러나 빠르게 변화하는 세계 경제의 환경에 적응하기 위해서는 근면성과 도전정신 이외에 또 다른 성장 요인이 필요하다.

최근 많은 공사·공단에서는 기존의 직무 관련성에 대한 고려 없이 인·적성, 지식 중심으로 치러지던 필기전형을 탈피하고, 산업현장에서 직무를 수행하기 위해 요구되는 능력을 산업부문별·수준별로 체계화 및 표준화한 NCS를 기반으로 하여 채용공고 단계에서 제시되는 '직무설명자료'상의 직업기초능력과 직무수행능력을 측정하기 위한 직업기초능력평가, 직무수행능력평가 등을 도입하고 있다.

SK하이닉스에서도 업무에 필요한 역량 및 책임감과 적응력 등을 구비한 인재를 선발하기 위하여 고유의 직업기초능력평가를 치르고 있다. 본서는 SK하이닉스 고졸 및 전문대졸 채용대비를 위한 필독서로 SK하이닉스 필기시험의 출제경향을 철저히 분석하여 응시자들이 보다 쉽게 시험유형을 파악하고 효율적으로 대비할 수 있도록 구성하였다.

신념을 가지고 도전하는 사람은 반드시 그 꿈을 이룰 수 있습니다. 처음에 품은 신념과 열정이 취업 성공의 그 날까지 빛바래지 않도록 서원각이 수험생 여러분을 응원합니다.

STRUCTURE

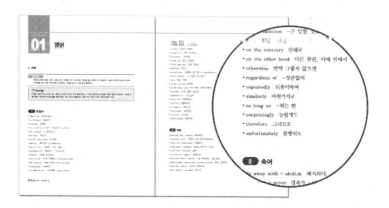

기초지식 핵심이론정리

영어, 수학에 대한 기초이론
을 정리하여 수록하였습니다.

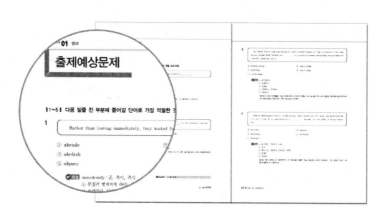

출제예상문제

적중률 높은 영역별 출제예
상문제를 상세하고 꼼꼼한
해설과 함께 수록하여 학습
효율을 확실하게 높였습니다.

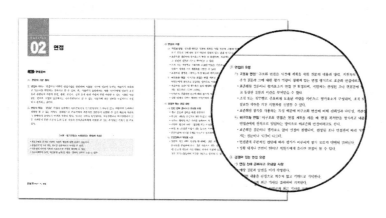

인성검사 및 면접

실전 인성검사와 면접기출을
수록하여 취업의 마무리까지
깔끔하게 책임집니다.

CONTENTS

PART **01**

기초지식 A

01 영어

1. 어휘

출제방향

제시된 단어의 뜻을 고르는 문제, 또는 의미를 보고 그에 맞는 단어를 찾는 문제가 주 유형이다. 더불어 주어진 단어의 유의어·반의어를 찾는 유형, 제시어들과 관계있는 단어를 고르는 유형 등이 출제된다.

> ☆ **Plus tip**
>
> 난해한 수준의 단어 보다는 중·고등학교 수준의 단어가 주로 출제되지만, 그 양이 방대하므로 꾸준한 학습이 필요한 영역이다. 단어를 외울 때에는 유의어와 반의어 등을 함께 외우는 것도 하나의 요령이며, 기출 단어는 반드시 짚고 넘어갈 필요가 있다.

1 연결사

- above all 무엇보다도
- accordingly 따라서
- actually 실제로
- as a matter of fact 사실은(= in fact)
- as a result 그 결과로서
- at least 적어도
- at the same time 동시에
- besides 게다가(= in addition)
- by the way 그런데, 그건 그렇고
- consequently 따라서, 그 결과로서
- despite ~에도 불구하고
- first of all 우선, 첫째로(= to begin with)
- for instance 예를 들어(= for example)
- fortunately 다행히도
- in addition to ~이외에(= apart from)

- indeed 정말로
- in other words 다시 말해서
- in short 간단히 말해서
- in spite of ~에도 불구하고
- instead of ~대신에
- in the end 결국, 마침내
- in the same way 같은 식으로
- moreover 더욱이
- nevertheless 그럼에도 불구하고(= nonetheless)
- not to mention ~은 말할 것도 없이
- once 일단 ~하면
- on the contrary 반대로
- on the other hand 다른 한편, 이에 반해서
- otherwise 만약 그렇지 않으면
- regardless of ~상관없이
- repeatedly 되풀이하여
- similarly 마찬가지로
- so long as ~하는 한
- surprisingly 놀랍게도
- therefore 그러므로
- unfortunately 불행히도

2 숙어

- do away with = abolish 폐지하다.
- turn out = prove 결과가 ~이 되다(판명되다).
- make out = understand 이해하다.
- take turns = alternate 교대로(번갈아) ~하다.
- take after = resemble 닮다.
- account for = explain 설명하다.
- find fault with = criticize ~을 비난하다, 흠을 잡다.
- put up with = stand, bear, endure, tolerate 참다, 견디다.
- pick out = choose 고르다, 선택하다.
- get together = assemble 모이다.

- put off = postpone 연기하다.
- turn up = appear 나타나다.
- take ~back = give back = return ~을 반납하다, 돌려주다.
- set out = start 출발하다.
- put out = extinguish (불을)끄다.

> ☆ **Plus tip**
> **put out**
> 유사한 뜻인 turn off는 '(전기, 가스, 라디오, 수돗물 따위를)끄다'의 뜻이고, put out은 '(불, 등불 따위를)끄다'의 뜻이다. 한편 go out은 '(불, 등불이)꺼지다(= be extinguished)'의 자동사로 쓰인다.

- come into = inherit 상속하다.
- come by = obtain 얻다, 획득하다.
- come about = happen (일이)생기다, 발생하다.
- add to = increase 증가하다, 늘리다.
- get the better of = defeat 패배시키다, 쳐부수다.
- call back = remember 기억하다.

> ☆ **Plus tip**
> **call back의 또 다른 의미**
> ㉠ 생각나게 하다.
> • This picture calls back my junior high school days.
> • 이 사진을 보니 나의 중학시절이 생각난다.
> ㉡ (전화를) 다시 걸다.
> • I'll call you back. 다시 전화를 걸겠다.

- get to know = get acquainted with ~와 알게 되다.
- burst into tears = burst out crying 갑자기 울음을 터뜨리다.
- make it a rule to do = make a point of ~ing = make a habit of ~ing
  ~하는 것을 습관으로 하다.
- know A from B = tell A from B = distinguish A from B = distinguish between A and B
  A와 B를 구별하다.
- come across = run across = come upon = run into = run upon = fall across 우연히 마주치다.
- do one's utmost = try one's best = do one's best 최선을 다하다.
- attribute A to B = ascribe A to B A를 B의 결과로 돌리다.
- come into being = come into existence 태어나다, 생기다.
- take ~into consideration = take ~ into account = allow for = make allowance for ~을 고려하다.,

2. 어법

어법은 주어진 문장에서 잘못된 부분 또는 어색한 표현을 찾거나 빈칸에 들어갈 알맞은 관용어구, 전치사 및 접속사 등을 고르는 유형의 문제가 출제된다.

☆ Plus tip
출제 빈도는 낮은 편이지만 난이도가 있는 문제들이 간혹 나오므로 문장의 형식과 기본적인 문법 등을 미리 익혀두는 것이 좋다.

1 문장의 형식

① S + V, 1형식의 기본적인 문장으로 동사를 수식하는 부사구를 동반할 수 있다.
> 예 • She smiled brightly. 그녀는 밝게 미소를 지었다.
> • The front door opened very slowly. 현관문이 매우 천천히 열렸다.

② 2형식[S + V(불완전자동사) + C]
S + V + C, 2형식의 기본적인 문장이다.
> 예 • He is a doctor. 그는 의사이다.
> • She seems to love him. 그녀는 그를 사랑하는 것 같다.

③ 3형식[S + V(완전타동사) + O]
S + V + O, 3형식의 기본적인 문장이다.
> 예 • I love you. 나는 너를 사랑한다.
> • I shot the sheriff. 나는 보안관을 쏘았다.

④ 4형식[S + V(수여동사) + I.O + D.O]
S + V + I.O(간접목적어) + D.O(직접목적어), 4형식의 기본적인 문장으로 직접목적어는 주로 사물이, 간접목적어는 사람이 온다.
> 예 • He gave me some money. 그는 나에게 약간의 돈을 주었다.
> • I'll give you anything you want. 네가 원하는 것은 무엇이든 주겠다.

⑤ 5형식[S + V(불완전타동사) + O + O.C]
S + V + O + O.C, 5형식의 기본적인 문장이다.
> 예 • I found the cage empty. 나는 그 새장이 비어있는 것을 발견했다.
> • You made her cry. 당신은 그녀를 울렸다.

2 **완료시제**

① **현재완료**(have / has + 과거분사)

 ㉠ **완료** : 과거에 시작된 동작이 현재에 완료됨을 나타낸다. 주로 just, yet, now, already, today 등의 부사와 함께 쓰인다.

  예 • He has already arrived here. 그는 여기에 이미 도착했다

 ㉡ **결과** : 과거에 끝난 동작의 결과가 현재에도 영향을 미침을 나타낸다.

  예 • She has gone to Busan. 그녀는 부산에 가버렸다(그래서 지금 여기에 없다).

 ㉢ **계속** : 과거에서 현재까지의 상태 및 동작의 계속을 나타낸다. 주로 since, for, always, all one's life 등의 부사(구)와 함께 쓰인다.

  예 I have studied English for 5 hours. 나는 5시간째 영어공부를 하고 있다.

 ㉣ **경험** : 과거에서 현재까지의 경험을 나타낸다. 주로 ever, never, often, before, once 등의 부사와 함께 쓰인다.

  예 Have you ever been to New York? 당신은 뉴욕에 가본 적이 있습니까?

 ㉤ **특별용법** : since가 '시간표시'의 접속사(또는 전치사)로 쓰이는 경우 주절의 시제는 현재완료형 또는 현재완료 진행형을 쓰며, since가 이끄는 부사절의 동사는 보통 과거형을 쓴다.

② **과거완료**(had + 과거분사)

 ㉠ **완료** : 과거 이전의 동작이 과거의 한 시점에 완료됨을 나타낸다.

  예 I had just written my answer when the bell rang.
   종이 쳤을 때 나는 막 답을 쓴 뒤였다.

 ㉡ **결과** : 과거의 어느 한 시점 이전의 동작의 결과를 나타낸다.

  예 Father had gone to America when I came home.
   내가 집으로 돌아왔을 때는 아버지가 미국에 가고 계시지 않았다.

 ㉢ **계속** : 과거 이전부터의 상태나 동작이 과거의 어느 한 시점까지 계속됨을 나타낸다.

  예 He had loved his wife until he died.
   그는 죽을 때까지 그의 아내를 사랑해 왔었다.

 ㉣ **경험** : 과거 이전부터 과거의 한 시점에 이르기까지의 경험을 나타낸다.

  예 That was the first time we had ever eaten Japanese food.
   우리가 일식을 먹어보기는 그것이 처음이었다.

③ **미래완료**(will / shall + have + 과거분사)

 ㉠ **완료** : 미래의 어느 한 시점까지 이르는 동안에 완료된 동작을 나타낸다.

  예 He will have arrived in New York by this time tomorrow.
   그는 내일 이 시간까지는 뉴욕에 도착할 것이다.

 ㉡ **결과** : 미래의 어느 한 시점 이전에 끝난 동작의 결과를 나타낸다.

  예 By the end of this year he will have forgotten it.
   올해 말이면 그는 그것을 잊을 것이다.

ⓒ 계속 : 미래의 어느 한 시점에 이르기까지 계속된 동작이나 상태를 나타낸다.

> 예 She will have been in hospital for two weeks by next Saturday.
> 다음 토요일이면 그녀는 2주일 동안 입원한 셈이 된다.

ⓓ 경험 : 미래의 어느 한 시점에 이르기까지의 경험을 나타낸다.

> 예 If I visit Moscow again, I will have been there twice.
> 내가 모스크바를 다시 방문한다면, 나는 두 번째로 그 곳에 있게 될 것이다.

3 부정사와 동명사

① 부정사만을 목적어로 취하는 동사

ask, choose, decide, demand, expect, hope, order, plan, pretend, promise, refuse, tell, want, wish

② 동명사만을 목적어로 취하는 동사

admit, avoid, consider, deny, enjoy, escape, finish, give up, keep, mind, miss, postpone, practice, stop

③ 부정사와 동명사 둘 다를 목적어로 취하는 동사

begin, cease, start, continue, fear, decline, intend, mean

④ 부정사와 동명사 둘 다를 목적어로 취하지만 의미가 변하는 동사

remember(forget), regret, need, try, mean, like, stop

3. 독해

출제방향

독해는 주어진 지문을 읽고 중심 내용을 찾거나 글의 분위기를 파악하는 유형의 문제가 주로 출제된다. 또한 지문에서 밑줄 친 단어가 의미하는 것 찾기, 지문의 내용과 맞는 것 또는 다른 것 찾기, 빈칸 채우기, 글의 순서 정하기 등이 출제되는 영역이다.

> ☆ **Plus tip**
>
> 빠른 시간 내에 지문의 전체적인 줄거리를 파악하는 것이 중요하다. 특히 시험을 치를 때에는 지문 해석보다 문제를 먼저 읽고 질문이 무엇인지 먼저 확인하는 방법도 좋다.

1 제목 찾기

보통 주제 찾기와 일치하는 문제가 많지만, 제목은 주제보다 상징성이 강하며 간결하고 명료하다. 글의 제목을 찾기 위해서는 무엇보다 글 전체의 내용을 종합적으로 이해할 수 있는 독해능력을 필요로 한다.

2 의도파악

어구의 의미파악 과정과 크게 다르지 않지만, 좀 더 희극적인 효과를 수반하는 영어권 사회와 문화에서 통용되는 사고의 전개방식에 대한 이해를 필요로 하는 문제로, 주로 말에 대한 오해나 엉뚱하고 기발한 사고로 빚어지는 극적인 전개가 있는 하나의 에피소드(episode) 중심의 글로 제시된다.

3 글의 분위기(mood) 파악

글 속에 명시적이거나 암시적으로 나타나있는 여러 정황들을 종합적으로 감상하는 능력을 요구하는 문제로, 글의 전체적인 분위기를 잘 드러내는 어휘들, 특히 형용사와 부사에 주목하여야 하며, 평소 글의 어조·분위기를 나타내는 단어를 잘 알아두어야 한다.

4 문장의 순서정하기

배열순서가 뒤바뀐 여러 문장들을 연결사와 지시어 등에 유의하여 문장과 문장 사이의 논리적 관계를 정확하게 파악하여 논리적으로 재배열하는 문제로, 기준이 되는 문장이 제시되기도 한다.

4. 사무영어 · 생활영어

출제방향

사무 · 생활영어는 대화 형태의 지문이 주어진 상황에서 밑줄 친 부분의 의미를 파악하거나 빈칸에 알맞은 표현을 찾는 문제들이 주로 출제된다. 또한 두 사람의 대화가 이루어지는 장소나 대화를 하는 두 사람의 관계 등에 대한 문제도 출제되므로 독해에 대한 해결 능력도 어느 정도 요구된다.

> ☆ **Plus tip**
>
> 대화 형태의 지문에서는 현재 대화가 이루어지고 있는 상황이 무엇인지 먼저 파악하는 것이 중요하다. 질문에 대한 답변이나 전화 통화 및 인사 등의 대화문을 미리 익혀두는 것이 좋다. 빈칸에 알맞은 표현을 찾을 때에는 앞 · 뒤 문장을 유심히 살펴보는 것이 답을 빨리 찾는 데 도움이 된다.

1 전화

- This is Mary speaking. I'd like to speak to Mr. Jones.
  (Mary입니다. Jones씨 좀 부탁드립니다.)
- Is that Mr. Jones? (Jones씨 입니까?)
- Who's speaking(calling), please? (누구십니까?)
- Whom do you wish to talk to? (누구를 바꿔드릴까요?)
- Hold the line a moment, please. I'll connect you with Mr. Smith.
  (잠시 기다리세요. Smith씨에게 연결해 드리겠습니다.)
- The party is on the line. Please go ahead. (연결됐습니다. 말씀하세요.)
- What number are you calling? (몇 번에 거셨습니까?)
- Speaking. This is he(she). (접니다.)
- The line is busy. (통화중입니다.)
- He's talking on another phone. He's on another phone. (그는 통화중입니다.)
- The lines are crossed. (혼선입니다.)
- A phone for you, Tom. Tom, (전화왔어요.)
- Please speak a little louder. (좀 더 크게 말씀해 주세요.)
- Who shall I say is calling, please? (누구라고 전해 드릴까요?)
- May I take your message? (전할 말씀이 있나요?)

1 길안내

- Excuse me, but could you tell me the way to the station?
  (실례지만, 역으로 가는 길을 가르쳐 주시겠습니까?)

- Pardon me, but is this the (right) way to the station?
  (실례지만, 이 길이 역으로 가는 길입니까?)

- Where am I(we)? (여기가 어디입니까?)

- I'm sorry, but I can't help you(I don't know this area).
  (죄송합니다만, 저도 길을 모릅니다.)

- I'm a stranger here myself. (저도 초행길입니다.)

- Turn to the left. (왼쪽으로 가세요.)

- Go straight on. (곧장 가세요.)

- Walk until you come to the crossing. (교차로가 나올 때까지 계속 걸어가십시오.)

- Take the left road. (왼쪽 도로로 가세요.)

- Are there any landmarks?
  (길을 찾는 데 도움이 되는 어떤 두드러진 건물 같은 것은 없습니까?)

- How far is it from here to the station? (이곳에서 역까지 얼마나 멉니까?)

- I'll take you there. (제가 당신을 그 곳에 데려다 드리겠습니다.)

- You can't miss it. You'll never miss it. (틀림없이 찾을 것입니다.)

3 시간

- What time is it? (몇 시입니까?)
  = What is the time?
  = Do you have the time?
  = What time do you have?
  = Could you tell me the time?
  = What time does your watch say?

- Do you have time? (시간 있습니까?)

- What is the date? (몇 일입니까?)

- What day is it today? (오늘이 무슨 요일입니까?)

4 소개 · 인사 · 직업

(1) 소개

- Mr. Brown, let me introduce Mr. Smith. (Brown씨, Smith씨를 소개합니다.)
- May I introduce my friend Mary to you? (내 친구 Mary를 소개해 드릴까요?)
- Let me introduce myself. May I introduce myself to you? (제 소개를 하겠습니다.)
- Miss. Lee, this is Mr. Brown. (Lee양, 이 분은 Brown씨입니다.)
- I've been wanting to see you for a long time. (오래 전부터 뵙고 싶었습니다.)

(2) 인사

① 처음 만났을 때
- How do you do? (처음 뵙겠습니다.)
- I'm glad to meet you. (만나서 반가워요.)
  = I'm very pleased(delighted) to meet you.
  = It's a pleasure to know you.
- Same to you. (저도 반갑습니다.)

② 아는 사이일 때
- How are you getting along? (안녕, 잘 있었니? 어떻게 지내니?)
  = How are you (doing)?
  = How are things with you?
  = How is it going?
  = What happened?
  = What's up?
- Fine, thanks, And you? (그럼, 고마워, 너는?)
- So far, So good. Not so bad. (잘 지냈어.)

③ 오랜만에 만났을 때
- How have you been? (그간 잘 있었니?)
- I haven't seen you for ages(a long time). (정말 오랜만이야.)
- Pretty good. It's been a long time, hasn't it? (그래, 오랜만이다, 그렇지 않니?)
- I've been fine. It's ages since we met. (잘 지냈어. 우리가 만난 지 꽤 오래됐지.)

④ 작별인사

- I'd better be going. (이제 가봐야 되겠습니다.)

= I really must be going now.

= I'm afraid I must go now.

= I really should be on my way.

= It's time to say good-bye.

= I must be off now.

- So soon? Why don't you stay a little longer?
  (이렇게 빨리요? 좀 더 있다가 가시지요?)

- I hope to see you again soon. (곧 또 뵙게 되길 바랍니다.)

- It's really a shame that you have to leave. (떠나셔야 한다니 정말 유감입니다.)

- It's too bad that you have to go. (가셔야 한다니 정말 유감입니다.)

- Oh! I'm sorry. I wish you could stay. (이거 유감입니다. 좀 더 계신다면 좋을텐데.)

(3) 직업

① What do you do for a living? (무슨 일을 하십니까?)

= What's your job(occupation, profession)?

= What kind of job do you have?

② I'm with IBM. (IBM에서 근무합니다.)

= I'm employed at IBM.

= I work for(at) IBM.

③ I'm on duty(off duty) this week. (나는 이번 주에 당번입니다.)

출제예상문제

┃1~5┃ 다음 밑줄 친 부분에 들어갈 단어로 가장 적절한 것을 고르시오.

1

> Rather than leaving immediately, they waited for the storm to _____.

① abrade

② abate

③ abolish

④ abridge

⑤ abjure

> ✔**해설** immediately : 곧, 즉시, 즉각
> ① 문질러 벗겨지게 하다, 침식하다 ② 완화시키다, 감소시키다 ③ 폐지하다, 파괴하다
> ④ 요약하다, 단축하다, 줄이다 ⑤ 포기하다, 회피하다
> 「즉시 떠나기보다 그들은 폭풍우가 가라앉기를 기다렸다.」

2

> Only limited items will be supplied for sale through _____ outlets including the Eurosports.

① select

② selection

③ selecting

④ selectively

⑤ selectivity

> ✔**해설** limited 제한된 including ~을 포함하여
> Eurosports를 포함하여 단지 제한된 물품들만이 <u>엄선된</u> 매장을 통해서 판매를 위해 제공될 것이다.
> ① 엄선된, 고급의 ② 선택 ③ 선정하는, 선택하는 ④ 선별적으로 ⑤ 선택력

Answer 1.② 2.①

3

> The White House and congressional leaders worked Monday to align lawmakers from both parties behind their formula for _____ a financial meltdown and halting the government's prolific spending habits.

① precipitating

② replicating

③ averting

④ contriving

⑤ recovering

> ✔해설 ① 촉진시키다
> ② 복제하다
> ③ 피하다
> ④ 고안하다, 궁리하다
> ⑤ 회복하다
>
> 「백악관과 의회 지도자들은 재정 붕괴를 피하고 정부의 엄청난 소비 습관을 막기 위한 방법을 지지하여 양당으로부터의 국회의원들을 정렬시키기 위해 월요일에 근무했다.」

4

> William Shakespeare was a literary genius whose works are still read and performed all over the world. He is something of a _____, though, as very little is known about him.

① mystery

② legend

③ charisma

④ dilemma

⑤ stranger

> ✔해설 ① 수수께끼, 신비로운 사람
> ② 전설
> ③ 카리스마, 사람들을 휘어잡는 매력
> ④ 딜레마
> ⑤ 이방인
>
> 「윌리엄 셰익스피어는 전 세계적으로 그의 저작물이 여전히 읽고 행해지는 문학의 천재이다. 그는 알려진 것이 거의 없기 때문에 수수께끼이다.」

5

> _____ is an attitude of doubting that claims or statements are true or that something will happen.

① Negativity   ② Relativism

③ Philosophy   ④ Skepticism

⑤ Absolutism

> ✔해설 ① 부정적 성향 ② 상대주의 ③ 철학 ④ 회의론 ⑤ 절대주의
> 「상대주의는 진실이나 무언가 일어날 것 등의 주장이나 진술을 의심하는 태도이다.」

▌6~10 ▌ 다음 제시된 단어와 반대되는 의미를 가진 단어를 고르시오.

6

> concern

① fault   ② absorb

③ stretch   ④ uninfluential

⑤ confirm

> ✔해설 concern 영향을 미치다 uninfluential 영향력이 없는
> ① 잘못, 책임 ② 흡수하다 ③ 늘이다 ⑤ 확정하다

7

> worthwhile

① important   ② valuable

③ beneficial   ④ useful

⑤ useless

> ✔해설 worthwhile 가치(보람) 있는, ~할 가치가 있는 useless 쓸모없는
> ① 중요한 ② 귀중한 ③ 유익한 ④ 쓸모 있는

Answer   3.③ 4.① 5.② 6.④ 7.⑤

8

> encourage

① discourage   ② engage

③ promote   ④ courage

⑤ reject

> ✔해설 encourage 용기를 북돋우다, 격려하다, 장려하다 discourage 낙담시키다, ~의 용기를 잃게 하다
> ② 사로잡다 ③ 촉진하다 ④ 용기 ⑤ 거부하다

9

> descend

① ascend   ② discern

③ describe   ④ go down

⑤ disappear

> ✔해설 descend 내려가다, 내려오다 ascend 오르다, 올라가다
> ② 알아차리다 ③ 서술하다, 묘사하다 ④ 넘어지다 ⑤ 사라지다

10

> vague

① magnificent   ② distinct

③ eagerness   ④ adequate

⑤ deficient

> ✔해설 vague 막연한, 애매한, 모호한 distinct 뚜렷한, 명료한, 명확한
> ① 아름다운, 훌륭한 ③ 열심 ④ 충분한 ⑤ 부족한

|11~15| 다음 문장에서 밑줄 친 부분과 의미가 가장 가까운 것을 고르시오.

11

> This information could prove <u>useful</u>.

① rainy   ② redundant
③ overcast   ④ muggy
⑤ good

> **☑해설** rainy 비 오는 redundant 불필요한 overcast 흐린 muggy 후덥지근한
> 「이 정보가 유용한 것으로 입증될 수도 있을 것이다.」

12

> There is a <u>reciprocal</u> relation between goals and data.

① mutual   ② omnipotent
③ exclusive   ④ incongruous
⑤ popular

> **☑해설** reciprocal 상호 간의, 서로의 mutual 상호간의 omnipotent 전지전능한(=almighty) exclusive 배타적인, 독점적인 incongruous 일치하지 않는, 모순된 popular 인기 있는
> 「목표와 데이터 사이에는 <u>상호관계</u>가 있다.」

13

> A range of policies have been introduced aimed at <u>curbing</u> inflation.

① accelerate   ② restrain
③ bleed   ④ betray
⑤ summarize

> **☑해설** curb 억제하다 accelerate 가속하다 restrain 저지하다 bleed 출혈하다 betray 배반하다 summarize 요약하다
> 「인플레이션 억제를 겨냥한 다양한 정책들이 도입되어 왔다.」

14

It is <u>debatable</u> whether nuclear weapons actually prevent war.

① contradictory   ② reconcilable

③ augmentative   ④ controversial

⑤ comfortable

> ✔해설 contradictory 모순된   reconcilable 화해할 수 있는   augmentative 증가하는
> controversial 논쟁의 여지가 있는   debatable 논쟁의 여지가 있는(= disputable)
> comfortable 편안한
> 「핵무기가 정말로 전쟁을 막을 것인지 아닌지에 대해서는 논란의 여지가 있다.」

15

I was so <u>gullible</u> that he had little difficulty in selling the property to me.

① easily deceived   ② excitable

③ extremely hungry   ④ so pleased

⑤ too young

> ✔해설 gullible : 잘 속는   deceive : 속이다, 기만하다, 현혹하다   excitable : 흥분하기 쉬운
> 「나는 너무 쉽게 속기 때문에 그는 내게 그 물건을 파는 데 별 어려움이 없었다.」

▌16~17▐ 다음 글을 읽고 빈칸에 들어갈 가장 적절한 것을 고르시오.

16

> Environment-friendly plastic bags are safe to use since they _____ more readily in the soil.

① collapse　　　　　　② communicate
③ avoid　　　　　　　④ decompose
⑤ decide

> ✔해설 readily 손쉽게, 순조롭게
> ① 붕괴되다
> ② 의사소통하다
> ③ 피하다
> ④ 분해되다
> ⑤ 결정하다
> 「환경 친화적인 비닐봉지는 흙에서 더 손쉽게 분해되기 때문에 사용하기 안전하다.」

17

> Usually several skunks live together; however, adult male striped skunks are _____ during the summer.

① serious　　　　　　② solitary
③ predatory　　　　　④ adorable
⑤ violent

> ✔해설 skunk 스컹크　striped 줄무늬가 있는
> ① 심각한
> ② 혼자 하는
> ③ 포식성의
> ④ 사랑스러운
> ⑤ 난폭한
> 「일반적으로 수십 마리의 스컹크들이 함께 모여서 산다. 그러나 성장한 수컷 줄무늬 스컹크들은 여름 동안 혼자 지낸다.」

다음에 제시된 단어들과 관계된 단어를 고르시오.

18

treatment, doctor, nurse

① police   ② church

③ hospital   ④ army

⑤ library

✔**해설** treatment(치료), doctor(의사), nurse(간호사)와 관계된 단어는 hospital(병원)이다.

19

professor, scholarship, semester, major

① teacher   ② university

③ singer   ④ student

⑤ vacation

✔**해설** professor(교수), scholarship(장학금), semester(학기), major(전공)는 university(대학)과 관계된 단어들이다.

20 다음 두 문장의 뜻을 함께 지니고 있는 낱말은?

• a hard growth on an animal's head • a kind of musical instrument

① hawk   ② horse

③ hair   ④ horn

⑤ hay

✔**해설** instrument 기구 hawk 매 horse 말 hair 털 horn 뿔, 호른(악기) hay 건초
「• 어떤 동물의 머리 위에 있는 단단한 생장물
　• 일종의 음악기구」

21
① Only if you can solve this problem will you be admitted.
② They have prepared for the exam so hard, and so I did.
③ I was never aware of what was going on in that meeting.
④ Never did I dream that I could see her again.
⑤ Brad had known the story long before he received the book.

✔해설 ② so I did → so did I, 'so I did'는 앞의 문장과 긍정하는 주어가 동일할 때 쓰고, 앞 문장의 주어와 뒷 문장의 주어가 다를 때는 'so did I'문장을 쓴다.
① only를 포함한 부사절이 문두에 나왔으므로, 주어와 동사가 도치됐다.
③ what은 선행사를 포함하는 관계대명사로 여기서는 of의 목적어절을 이끌고 있다.
④ Never가 문두로 나오면서 주어와 동사가 도치된 문장이다.

「① 이 문제만 풀기만 하면, 너는 입학이 허락될 것이다.
② 그들은 시험 준비를 열심히 했고, 나 또한 그랬다.
③ 그 모임에서 어떤 일이 진행되고 있었는지 나는 정말 알지 못했다.
④ 그녀를 다시 보게 되리라고는 절대 꿈도 꾸지 못했다.
⑤ Brad는 그 책을 받기 훨씬 전부터 그 이야기를 알고 있었다.」

22
① She wants to rent the apartment where she saw last Sunday.
② I like to shop at stores where I can find products from different countries.
③ The office where you can get your transcripts is closed now.
④ I have a photograph of the home where I grew up.
⑤ I am tired of shoe stores where there's nothing that fits my style.

✔해설 transcript 등본, 사본, 증명서
관계부사 다음에는 완전한 절이 나와야 하나 ①의 경우 그렇지 못하므로 관계대명사를 사용하는 것이 적절하다. where → that, which

「① 그녀는 지난 일요일에 본 아파트를 임대하고자 하였다.
② 나는 다른 나라에서 온 제품들을 볼 수 있는 가게에서 물건을 사는 것을 좋아한다.
③ 당신이 등본을 발급 받을 수 있는 관공서는 지금 문을 닫았다.
④ 나는 내가 자란 집의 사진을 가지고 있다.
⑤ 나는 취향에 맞는 것이 없는 신발 가게에 싫증이 났다.」

23

> He is most generous about forgiving a slight, an insult, and an injury. Never does he harbor resentment, store up petty grudges, or waste energy or thought on means of revenge or retaliation. He's much too _____ a person.

① intrepid   ② impolite

③ versatile   ④ magnanimous

⑤ urbane

✔해설 generous : 관대한, 아량 있는, 풍부한   slight : 경멸, 무례   insult : 모욕, 무례   injury : 명예훼손, 모욕   harbor : 품다, 숨겨주다   resentment : 적의, 분노   store up : 쌓아 두다   grudge : 원한, 악의, 유감   revenge : 복수, 앙갚음, 보복
① 대담한
② 무례한
③ 다재다능한
④ 도량이 큰
⑤ 점잖은

「그는 경멸, 무례, 모욕 등을 용서하는 데 매우 관대하다. 그는 절대 적의를 품지 않았고, 약간의 원한도 쌓아 두지 않았으며, 복수나 앙갚음할 방법에 대하여 정력이나 생각을 낭비하지 않는다. 그는 너무 관대한 사람이다.」

24

> Beauty contests for women are very common. _____, most men do not usually have opportunities to win prizes for being handsome. That is because most cultures don't consider a man's appearance as important as a woman's.

① Despite   ② Although

③ However   ④ For example

⑤ certainly

✔해설 앞뒤의 내용이 대조적이므로 Despite, Although, However 모두 해당되나, 접속부사만이 정답이 될 수 있으므로 However가 정답이다.

「뷰티 콘테스트는 모두 여성들의 공통사항이다. 그러나 대부분 남자들은 미남이 우승할 기회가 없다. 대부분의 문화에서 남자들의 의모가 여성들의 외모만큼 중요하게 고려되지 않기 때문이다.」

25

> The hall was _____ twenty people.

① large to accommodate enough   ② to enough large accommodate

③ to accommodate enough large   ④ enough large to accommodate

⑤ large enough to accommodate

> ✔해설 be동사 뒤에는 twenty people이라는 명사가 있으므로 빈칸은 명사를 수식하는 형용사 large가 와야 한다. enough는 동사, 형용사, 부사 뒤에 쓰여 large 뒤에서 수식한다.
>
> 「홀은 20명을 수용할 만큼 충분히 크다.」

┃26~28┃ 다음 밑줄 친 부분 중 어법상 옳지 않은 것을 고르시오.

26

> Death sentences have not ①<u>mitigated</u> the crises of ②<u>teeming</u> prisons and a society of victims. Even the phrases death by ③<u>electrocution</u> and death by ④<u>injection</u> sound ⑤<u>absurdly</u> and incongruous with modern society.

> ✔해설 death sentence : 사형선고　mitigated : 누그러뜨리다, 완화하다　teeming : 풍부한, 많은, 다산의 injection : 주입, 주사　absurdly : 불합리한, 부조리한　incongruous : 조화되지 않은, 어울리지 않은 feel, smell, sound, taste, look과 같은 감각동사는 2형식의 불완전자동사로 반드시 형용사가 보어로 위치한다. 그러므로 ⑤의 absurdly는 absurd의 형태로 써야 한다. 또한 and로 연결된 incongruous가 형용사의 형태로 왔으므로 이를 통해서도 형용사가 쓰여야 함을 알 수 있다.
>
> 「사형선고는 가득 찬 감옥과 희생자 집단의 위기를 완화시키지 못하였다. 게다가 전기 충격과 약물의 주입에 의한 사형이라는 말조차 불합리하며 현대사회와는 어울리지 않는다.」

27

> Scanning the newspaper for ①<u>job openings</u> and then filing an application with the company's ②<u>human resources</u> department ③<u>are</u> one way of looking for a job but ④<u>often not</u> the most ⑤<u>effective</u>.

> ✔해설 job openings 채용공고　application 지원서　file 제출하다　human resources department 인사부 ③ scanning~and then filing~. 이라는 두 개의 동명사가 오더라도 하나의 행위에 해당하므로 단수동사 is를 써야한다.
>
> 「채용공고들에 대한 신문을 검색하고 그 회사의 인사부에 지원서를 제출하는 것은 구직의 한 방법이지만 가끔 가장 효과적인 것은 아니다.」

Answer　23.④　24.③　25.⑤　26.⑤　27.③

28

In the multi-cultural ①<u>universe where I live in</u>, it's safe not to worry about ②<u>explaining the story</u> of Passover because if people don't ③<u>hear it from me</u>, ④<u>they'll</u> hear it ⑤<u>some other</u> way.

✔ 해설 ① universe where I live in → universe where I live, 관계부사는 '전치사 + 관계대명사'이므로 전치사 in을 생략하여야 한다.
multi-cultural 복수문화의 Passover (유대교의)유월절

「내가 살고 있는 여러 문화가 공존하는 세계에서는 유월절에 대한 이야기를 설명하는 걱정하지 않아도 된다. 왜냐하면 사람들이 그것을 나에게 듣지 못한다면 그들은 어떤 다른 방법으로 그것을 듣게 될 것이다.」

▌29~30▌ 다음 글을 읽고 밑줄 친 부분 중 어법상 틀린 것을 고르시오.

29

Although the origins of dances like the waltz and polka in Austrian and Czech folk music ①<u>are clear</u>, it is less easy to see ②<u>that</u> elements the Strausses added—apart, of course, from their genius. The music of Johann I may now seem to us less inspired ③<u>than that</u> of Johann II or Josef, but it still shows all the distinguishing marks of the later style. Although the only piece of his ④<u>which</u> is now a household word is the famous Radetsky March, his waltzes and gallops and polkas are still enjoyable listening, and it is very hard ⑤<u>to discern</u> any influence from contemporary composers such as Beethoven or even Schubert.

✔ 해설 elements가 복수형이므로 수의 일치를 위해 that이 아니라 those가 와야 한다.
distinguishing 현저한 waltze, gallop, polka 춤곡의 일종 discern 알아차리다
contemporary 현대의, 동시대의 composer 작곡가

「오스트리아의 왈츠와 체코의 폴카와 같은 민속춤의 기원은 분명하나, 슈트라우스가 추가한 요소들은 그 천재성과 별개로 둔다고 하더라도 보기 쉽지 않은 것이다. 요한 슈트라우스 1세의 음악은 지금 우리에게는 요한 슈트라우스 2세나 요세프보다 덜 영감적일 수 있으나, 여전히 후기 형태의 독창적인 특징을 모두 보여준다. '라데츠키 행진곡'으로 불리는 작품이 유일하게 알려진 작품이지만, 그의 왈츠, 갤럽, 폴카는 여전히 듣기 좋고, 베토벤이나 슈베르트와 같은 동시대 작곡가들의 영향을 찾아볼 수 없다.」

30

The headline is a unique type of text. It has a range of functions that ① specifically dictate its shape, content and structure, and it operates within a range of ② restrictions that limit the freedom of the writer. For example, the space that the headline will occupy is ③ almost always dictated by the layout of the page, and the size of the typeface will similarly be restricted. The headline will rarely, if ever, be written by the reporter who wrote the news story. It should, in theory, ④ encapsulate the story in a minimum number of words, attract the reader to the story and, if it appears on the front page, ⑤ attracting the reader to the paper.

✔해설 마지막 문장의 구조를 간단히 써 보면, 'It should encapsulate~, attract~, and attract~.'가 된다. 병렬구조상 attracting이 아니라 동사원형인 attract가 와야 한다.

dictate 받아쓰게 하다, 구술하다 restriction 제한, 구속 occupy 차지하다 layout 배치 typeface 서체, 활자체 encapsulate 요약·압축하다

「헤드라인은 글의 독특한 형식이다. 헤드라인은 특별히 모양, 내용, 구조를 구술하는 기능상의 범위를 가지고 있어서 저자의 자유를 제한한다. 예를 들면, 헤드라인이 차지할 장소는 거의 언제나 페이지의 배치에 따라 정해지고, 서체의 크기는 비슷한 선에서 제한될 것이다. 헤드라인이 뉴스 줄거리를 쓰는 기자에 의해 정해지는 경우는 거의 없다. 이론 상, 헤드라인은 최소한의 단어로 이야기를 요약해야 하고, 독자를 뉴스 이야기로 끌어들여야 하고, 만약 헤드라인이 맨 첫 페이지에 있으면 독자를 신문으로 이끌어야 한다.」

31 다음 글의 제목으로 가장 적절한 것은?

> The digital world offers us many advantages, but if we yield to that world too completely we may lose the privacy we need to develop a self. Activities that require time and careful attention, like serious reading, are at risk; we read less and skim more as the Internet occupies more of our lives. And there's a link between self-hood and reading slowly, rather than scanning for quick information, as the Web encourages us to do. Recent work in sociology and psychology suggests that reading books, a private experience, is an important aspect of coming to know who we are.

① In Praise of Slow Reading

② In Praise of Artificial Memory

③ In Praise of Digital World

④ In Praise of Private Life

⑤ In Praise of Meditation

✔ 해설 yield 항복하다, 양도하다 skim 걷어내다, 훑어보다 aspect 측면
이 글에서 필자는 느린 독서의 중요성을 강조한다. 또한 마지막 문장에서 필자는 reading books, a private experience, is an important aspect라고 언급하며 자신의 의견을 밝히고 있으므로 이 부분이 글 전체의 주제문이라 할 수 있다.
① 느린 독서의 찬양
② 기억술의 찬양
③ 디지털 세상의 찬양
④ 사생활의 찬양
⑤ 명상의 찬양

「디지털 세상은 우리에게 많은 이점들을 제공하지만, 만약 우리가 너무 완전히 그러한 세상에 굴복한다면, 우리는 스스로를 발전시키는 데 필요한 사생활을 잃을지도 모른다. 진지한 독서처럼 시간과 세심한 주의력을 요구하는 활동들이 위기에 처해 있다 인터넷이 우리의 삶을 더 많이 차지해 감에 따라, 우리는 덜 읽으며 더 훑어본다. 그리고 웹이 우리로 하여금 그렇게 하도록 부추기는 빠른 정보검색보다는, 천천히 읽는 것과 자아 사이에 더 많은 연관성이 있다. 사회학과 심리학의 최근 연구는 개인적 체험인 책을 읽는 것이 우리가 누구인지 알아가게 되는 중요한 측면임을 시사한다.」

32 다음 글의 내용과 일치하는 것은?

> Galileo Galilei was long obsessed with Copernicus's theory of the nature of the universe, and planned to publish a book that supported it. However, his plan was changed by the pope's injunction of 1624 that the should not publish such a book. Although the publication was delayed, Galilei finally published the book in 1632. The book was an immediate success, largely because it was extremely controversial. Clearly violating the ban of the church, Galilei defended the Copernican theory. Certainly, the pope was furious, and Galilei was summoned to Rome to stand trial. He was judged to have supported the Copernican theory against the teachings of the church. He was ordered to recant and did so against his will.

① Galilei's enemies were satisfied when the church imprisoned Galilei.

② Galilei's book of 1632 did not bring forth much response from the public.

③ The Copernican theory was not approved by the church in Galilei's time.

④ The pope encouraged Galilei to develop a new scientific discovery before 1632.

⑤ On trial, Galilei firmly refused to recant his support of the Copernican theory.

✔ 해설 obsess : 사로잡다 injunction : 명령, 훈령 extremely : 극단적으로, 매우 controversial : 논쟁의, 논의의 여지가 있는 violate : 위배하다. ~의 신성을 더럽히다 furious : 노하여 펄펄 뛰는, 격노한 summon : 소환하다. 호출하다 imprison : 교도소에 넣다. 수감하다 firmly : 단단하게, 견고하게
① Galilei의 적들은 교회가 Galilei를 수감하였을 때 만족했다.
② 1632년의 Galilei의 책은 대중으로부터 많은 반응을 끌어내지 못했다.
③ Copernisus의 이론은 Galilei의 시대에 교회에 의해 승인받지 못했다.
④ 교회는 1632년 전에 Galilei에게 새로운 과학적인 발견을 하라고 독려했다.
⑤ 재판을 받으며, Galilei는 Copernicus의 이론에 대한 그의 지지를 철회하는 것을 확고하게 거절했다.

「Galileo Galilei는 오랫동안 우주의 본질에 대한 Copernicus의 이론에 사로잡혀 있었고, 그것을 지지하는 책을 출판할 계획이었다. 그러나 그의 계획은 1624년 그러한 책을 출판해서는 안 된다는 교황의 금지명령으로 인해 바뀌었다. 비록 출판은 지연되었지만 Galilei는 마침내 1632년 책을 출판하였다. 그 책은 극단적인 논란거리가 되었기 때문에 즉각적으로 성공했다. 교회의 명령을 명백히 위반하면서 Galilei는 Copernicus의 이론을 옹호했다. 당연히 교황은 노하였으며 Galilei는 로마로 소환되어 재판을 받게 되었다. 그는 교회의 가르침에 반하여 Copernicus의 이론을 지지한 것으로 판결받았다. 그는 철회할 것을 명령받았고 그래서 그의 의사에 반하여 그렇게 했다.」

33 다음 글의 요지로 가장 적절한 것은?

> Through discoveries and inventions, science has extended life, conquered disease and offered new material freedom. It has pushed aside gods and demons and revealed a cosmos more intricate and awesome than anything produced by pure imagination. But there are new troubles in the peculiar paradise that science has created. It seems that science is losing the popular support to meet the future challenges of pollution, security, energy, education, and food. The public has come to fear the potential consequences of unfettered science and technology in such areas as genetic engineering, global warming, nuclear power, and the proliferation of nuclear arms.

① Science is very helpful in modern society.

② Science and technology are developing quickly.

③ The absolute belief in science is weakening.

④ Scientific research is getting more funds from private sectors.

⑤ It is dangerous to have a blind faith in science.

✔**해설** conquer 정복하다 push aside 밀어 치우다 intricate 복잡한 peculiar 이상한, 독특한 meet the challenge 시련에 잘 대처하다 unfettered 제한받지 않는 proliferation 확산

이 글은 과학의 문제점에 대해 언급하여 대중들이 과학과 기술의 잠재적 결과들을 두려워하게 되었다고 말하고 있다.
① 과학은 현대 사회에서 매우 유용하다.
② 과학과 기술은 빠르게 발전하고 있다.
③ 과학에 대한 전적인 믿음이 약해지고 있다.
④ 과학 연구가 민간 부문들로부터 더 많은 자금을 얻고 있다.
⑤ 과학을 맹신하는 것은 위험하다.

「발견과 발명을 통해, 과학은 생명을 연장했고 질병을 정복했으며 새로운 물질적 자유를 제공했다. 그것은 신과 악마를 한쪽으로 밀어냈고 순수한 상상력에 의해 생산된 그 무엇보다도 더 복잡하고 놀라운 우주를 드러냈다. 하지만 그 독특한 천국에는 과학이 창조한 새로운 문제들이 있다. 과학은 공해, 안보, 에너지, 교육, 그리고 식량이라는 미래의 시련에 잘 대처하기 위한 대중적 지지를 잃는 것처럼 보인다. 대중은 유전공학, 지구온난화, 원자력, 그리고 핵무기의 확산과 같은 영역들에서 제한받지 않는 과학과 기술의 잠재적 결과들을 두려워하게 되었다.」

다음 글을 읽고 글의 흐름으로 보아 밑줄 친 표현의 뜻으로 가장 적절한 것을 고르시오.

34

> People respond to seat belts as they would to an improvement in road conditions—by driving faster and less carefully. The result of a seat belt law is a larger number of accidents. The decline in safe driving has a clear <u>adverse</u> impact on pedestrians, who are more likely to find themselves in an accident.

① unfavorable   ② negligible

③ invariable   ④ haphazard

⑤ advantageous

> ✔해설 adverse는 부정적이라는 의미를 가지고 있으므로, 이와 유사한 ①이 적절하다.
> improvement 개선 decline 감소, 쇠퇴
> 「사람들은 안전벨트에 대해 도로 상태가 개선된 것으로 받아들여, 더 빨리 더 부주의하게 운전한다. 안전벨트 법의 결과는 더 많은 수의 교통사고로 귀결된다. 안전운전의 감소는 위험에 처하기 더 쉬운 보행자들에게 명백히 불리한 영향을 준다.」

35

> There was a time, not very long ago, in the desperately poor New York City neighborhoods of Brownsville, when the streets would turn into ghost towns at dusk. Children wouldn't ride their bicycles on the streets. The drug trade became so <u>rampant</u> in that part of Brooklyn that most people would take to the safety of their apartment at nightfall.

① prevalent   ② capricious

③ vicious   ④ sparse

⑤ exceptional

> ✔해설 밑줄 친 단어가 있는 문장의 so~that 구문(너무 ~해서 그 결과 ~하다)이 정답을 찾는데 도움을 줄 수 있다. 사람들은 마약 거래가 횡행해서 집에 안전하게 있는 것이므로 흔하다는 의미의 ①이 정답이다.
> neighborhood 근교 dusk 황혼, 땅거미 rampant 만연하는 nightfall 해질녘
> 「얼마 전까지 뉴욕 근교의 브라운스빌이라는 매우 가난한 지역에서는 땅거미가 질 무렵 도로가 유령 도시로 변해있었다. 아이들은 길에서 자전거를 타지 않았다. 브루클린 일부 지역에서 마약 거래가 만연해서 대부분의 사람들은 해질녘에도 자신의 아파트에서 안전하게 있었다.」

Answer   33.③   34.①   35.①

36

> All great works of art were created for a purpose, whether religious, social, political or, exceptionally, to express the artist's inner vision. And few <u>artifacts</u> have been created without some regard for aesthetic qualities.

① household items
② scientific materials
③ religious objects
④ man-made objects
⑤ natural object

✔ 해설 'arti-'라는 접두사로 시작되는 단어는 man-made라는 뜻을 가지고 있으므로, 정답은 ④이다.
　　　artifact 인공물, 공예품　aesthetic 예술적인

　　　「모든 위대한 예술 작품은 종교적, 사회적, 정치적으로, 혹은 예외적으로 작가 자신의 비전을 표현하기 위한 목적을 가지고 만들어졌다. 그리고 소수의 작품들은 예술적 가치를 결여한 채 제작되었다.」

▌37~39 ▌ 글의 흐름상 주어진 문장에 이어질 내용을 순서대로 바르게 배열한 것을 고르시오.

37

> ram Stoker's classic horror story, Dracula, was first printed in 1897. Since that time, the novel has been read by many people around the world.

> (A) When he first appears in the novel, he is a polite and altogether charming host.
> (B) But it is not long before he emerges as the inhuman monster who stays alive by drinking human blood and transforms himself into a bat.
> (C) One reason for its popularity is the figure of Count Dracula, who is a strange mixture of the real and the supernatural.

① (A) − (B) − (C)
② (A) − (C) − (B)
③ (B) − (A) − (C)
④ (C) − (A) − (B)
⑤ (C) − (B) − (A)

✔ 해설 horror 공포, 경악　print 인쇄하다, (책·신문 등을) 찍다　appear 나타나다　altogether 완전히, 전적으로, 대체적으로　charming 매력적인　emerge 드러나다 (어둠 속에서) 나오다　inhuman 비인간적인, 잔인한　monster 괴물　transform 변화하다, 바꿔놓다　popularity 인기　supernatural 초인간적인

「Bram Stoker의 고전 공포 이야기인 드라큘라는 1897년 처음 인쇄되었다. 그 이래로 소설은 세계 곳곳의 많은 사람들에게 읽히고 있다.
(C) 이 소설이 인기가 있는 한 가지 이유는 실질적이고 초인적인 이상한 혼합체 Count Dracula의 모습에 있다.
(A) 소설에서 그가 처음 등장했을 때, 그는 점잖고 매우 매력적인 주인이었다.
(B) 하지만 그가 사람의 피를 마시며 목숨을 유지하고 그 스스로를 박쥐로 변형시키는 비인간적인 괴물로 나타나기까지 오랜 시간이 걸리지 않았다.」

38

> The bat can tell by the echo where an object is and how close to him it is.

> (A) As the blind person approaches an object, his earphones, attached to the box, buzz. The length of the buzz tells him how near to the object he is.
>
> (B) Thus, the blind person "sees" with his ears, somewhat in the way a bat does.
>
> (C) Observing the bat's method and making use of radar, scientists have invented a small box for the blind to carry.

① (A) — (B) — (C)　　　　　② (B) — (A) — (C)

③ (C) — (A) — (B)　　　　　④ (B) — (C) — (A)

⑤ (C) — (B) — (A)

✔해설 echo 메아리 blind person 맹인 attach 부착하다, 첨부하다 buzz 윙윙거리는, '윙'하는 소리 thus 그러므로, 이와 같이 somewhat 어느 정도, 다소 invent 발명하다

「박쥐는 어디에 물체가 있고 자신과 얼마나 근접한지 메아리를 통해 말할 수 있다.

(C) 박쥐의 수단을 조사하고 레이더의 사용법을 제작하여, 과학자들은 맹인이 들고 다닐 수 있는 작은 박스를 발명했다.

(A) 맹인이 물체에 접근하면, 박스에 부착된 그의 이어폰이 '윙'거리며 울린다. '윙'하는 소리의 길이는 그에게 그가 물체와 얼마나 가까이 있는지를 말해준다.

(B) 이와 같이 맹인이 그의 귀로 '보는 것'은 어느 정도 박쥐가 하는 행동이라고 할 만하다.」

39

The Red Cross runs a widely Known blood program. A person who wishes to donate blood can do so at a Red Cross center.

(A) Then a pint of blood is taken from each donor's arm.

(B) The donor may feel a little weak afterwards, but a doughnut and a cup of coffee are just what puts them quickly on their feet again.

(C) Trained staff interview each potential donor about his or her health to screen out those whose blood may not be safe for the recipient.

① (C) — (A) — (B)   ② (A) — (C) — (B)

③ (C) — (B) — (A)   ④ (A) — (B) — (C)

⑤ (B) — (C) — (A)

✔해설 헌혈에 관한 내용으로 시간상의 전개 구조를 가지고 있다.

The Red Cross 적십자 donate blood 헌혈하다 potential 잠재적인 donor 기부자, 헌혈자 screen out 차단하다, 거르다 recipient 받는 사람, 수령인 afterwards 나중에

「적십자는 널리 알려진 혈액 프로그램을 운영한다. 헌혈을 원하는 사람은 적십자 센터에서 할 수 있다.

(C) 훈련 된 스태프는 받는 사람이 안전하지 않을지도 모르는 혈액을 차단하기 위해서 각각의 잠재적인 헌혈자들의 건강에 대해 인터뷰를 한다.

(A) 그때 원 파인트의 혈액이 헌혈자의 팔로부터 나온다.

(B) 헌혈자는 나중에 힘이 없는 기분을 느낄지도 모른다. 그러나 도넛이나 커피 한 잔은 그들의 발걸음을 다시 빠르게 만들어 놓는다.」

40 다음 글의 밑줄 친 부분의 의미로 가장 알맞은 것은?

> Asia may face a recession, moreover, that is much steeper than necessary. There is still a slight, though fading, chance for Asia to escape the predicament of financial meltdown. The Asian countries would persuade the International Monetary Fund to put aside its usual prescriptions for fiscal belt-tightening and high interest rates, since these will only reinforce the contradictory force of the financial panic. <u>The name of the game</u> should be confidence-mending, not orthodox austerity. The crisis came from the private markets and not government budget.

① The crucial remedy

② The essential element of the game

③ The most virtual aspect

④ The best name of the crisis

⑤ The next best way

✔해설 face ~에 직면하다, ~에 맞서다, ~에 면하다, ~을 향하다 recession 경기후퇴, 퇴거, 후퇴 steep 가파른, 험한, 터무니없는, 무리한 slight 적은, 약간의, 조금의, 사소한 fade 사라져 가다, 쇠퇴하다, 자취를 감추다 escape 달아나다, 탈출(도망)하다, 벗어나다 predicament 곤경, 궁지 persuade 설득하다, 권유(독촉)하여 ~시키다, ~을 납득시키다 put aside (일시) 제쳐놓다, 제거하다, ~을 따로 남겨(떼어)두다, 무시하다, 잊다 usual 보통의, 평소의 prescription 처방, 명령, 규정 fiscal 국고의, 재정의, 회계의 belt-tightening 긴축 (정책) contradictory 모순된, 양립하지 않는 reinforce 강화하다, 보강하다 panic 공황, 돌연한 공포 the name of the game 중요한 것, 요점, 본질 confidence-mending 신용개선 orthodox 전통적인, 정통의 austerity 긴축, 엄격 crucial 결정적인, 중대한 remedy 구제책, 치료 virtual 실제상의, 실질적인, 사실상의 aspect 양상, 국면, 견해
경기후퇴를 극복할 방안 중 중요한 것이 전통적인 긴축이 아니라 신용개선이라는 의미이므로 ①이 가장 적절하다.

「더욱이 아시아는 필요한 것보다 훨씬 더 가파른 경기후퇴에 직면할지도 모른다. 아시아에는 재정적인 곤경을 탈출할 기회가 점점 사라져가고는 있지만 아직 조금은 남아있다. 아시아 국가들은 국제통화기금(IMF)에 재정긴축과 높은 이 자율이라는 평소의 처방을 그만두라고 설득할 것이다. 왜냐하면 이러한 것들은 재정적 공황이라는 모순된 힘을 강화할 뿐일 것이기 때문이다. 본질(주목적)은 신용개선이어야지 전통적인 긴축이 되어서는 안 된다. 그 위기는 민간시장에서부터 온 것이지 정부의 예산에서부터 온 것은 아니다.」

│41~43│ 다음 대화에서 빈칸에 들어가기에 가장 적절한 것을 고르시오.

41

> A : Can I help you?
>
> B : Yes. _____ with regular, please.
>
> A : Sure thing. Would you like me to check the oil?
>
> B : Please. And could you check the tires, too?
>
> A : Sure. Be glad to.

① Leaded or unleaded

② Self-service pumps

③ Fill it up

④ Give me a ball park figure

⑤ Open the petrol cap

✔해설 adviceregular (구어) 보통 (일반) 휘발유 sure thing 물론입니다 check the oil 엔진오일을 점검하다 leaded (가솔린에) 납이 첨가된 unleaded (가솔린에) 납이 첨가되지 않은, 무연(無鉛)의 pumps (구어) 주유소 ball-park figure (구어) 어림셈

「A : 도와 드릴까요?

B : 예. 차에 보통 휘발유로 가득 채워 주세요.

A : 물론입니다. 엔진오일도 점검해 드릴까요?

B : 그렇게 해주세요. 그리고 타이어도 역시 점검해 주실 수 있죠?

A : 물론입니다. 기꺼이 그렇게 해드리지요.」

42

> A : David, you didn't attend the board meeting this morning.
>
> B : I couldn't make it. I called in sick, in fact.
>
> A : Important agendas were decided.
>
> B : _____

① Could you fill me in?

② Let's make it together.

③ Let me attend instead.

④ I haven't decided yet.

⑤ Did you see the doctor?

✔해설 agenda : 의사일정, 협의사항, 의제, 비망록   fill B in on A : A에게 B에 대해 자세히 알려주다
① 그것에 대해 자세히 알려줄 수 있겠니?
② 함께 만들자.
③ 내 대신 참석할래?
④ 나는 아직 결정하지 못했어.
⑤ 너는 그 의사를 본 적 있니?
「A : David, 당신은 아침 이사회 회의에 참석하지 않았다.
 B : 나는 그렇게 할 수가 없었다. 나는 사실 아프다고 전화했다.
 A : 중요한 의제들이 결정되었다.
 B : 자세히 알려줄 수 있겠니?」

43

A : I'm very proud of my daughter. She has quite a good memory. She does her best to remember all she reads. And she's only nine years old.

B : That's very good. ＿＿＿＿＿＿＿ You or your wife?

A : My wife. As a child my wife learned lots of poems by heart. She still knows quite a few of them.

B : I never could memorize poetry. On the other hand, I remember numbers. I never forget an address or a date.

① How can she memorize them?

② Whom does she prefer?

③ Whom does she look after?

④ Whom does she take after?

⑤ Who does she fall asleep with?

✔해설 ① 그녀는 그것들을 어떻게 기억할 수 있죠?
② 그녀는 누구를 더 좋아하나요?
③ 그녀는 누구를 돌보나요?
④ 그녀는 누구를 닮았죠?
⑤ 그녀는 누구와 잠이 드나요?

「A : 난 정말 내 딸이 자랑스러워. 기억력이 정말 좋거든. 그 애는 자기가 읽은 것들을 모두 기억하려고 최선을 다해. 게다가 그 애는 아직 아홉 살밖에 안 됐어.
B : 정말 훌륭하네요. 그 애는 누구를 닮았나요? 당신 아니면 당신 아내?
A : 내 아내를 닮았지. 어렸을 때 아내는 많은 시들을 외웠는데, 아직도 그 중에 꽤 많은 시들을 알고 있지.
B : 나는 도무지 시를 암기할 수가 없어요. 대신 숫자를 기억하죠. 주소나 날짜는 절대 잊어버리지 않아요.」

44 다음 대화에서 밑줄 친 문장을 우리말로 옮긴 것 중 가장 적절한 것은?

A : OK. So is everything all right for the trips?

B : Yes, I'm all set. I just have one question. How much do I have to know about each city?

① 나는 좌석을 얻었습니다.

② 나는 준비가 다 되었습니다.

③ 나는 잘 배치되었습니다.

④ 내가 여행 스케줄을 확인하여 잘 맞추어 놓았습니다.

⑤ 나는 모든 세트를 가지고 있습니다.

✔ 해설 「A : 좋습니다. 그럼 여행준비는 다 잘된 거죠?
B : 예, 나는 준비가 다 되었습니다. 다만, 질문이 하나 있습니다. 각 도시에 대해 얼마나 알고 있어야 하나요?」

45 문맥상 다음의 문장이 들어가기에 적합한 곳은?

> Like most other human scientific feats, however, it threatens social and industrial relations.

> ① The decoding of the human genome is a phenomenal development. ② It is a transcendental discovery in humanity's effort to improve miserable health conditions caused by pollution, wars and poverty. ③ It has the potential to throw people out of work and shake up families. ④ Effective laws must be passed to guard against converting this scientific feat into a tool of racism. ⑤

✔ 해설 scientific : 과학의, 과학적인, 정확한, 숙련된 feat : 위업, 공훈, 묘기, 재주 threaten : 위협하다, ∼할 우려가 있다 phenomenal : 자연 현상의, 인지할 수 있는, 놀랄 만한, 경이적인 transcendental : 선험적인, 초월적인, 탁월한, 우월한 miserable : 불쌍한, 비참한, 고약한 poverty : 빈곤, 가난, 결핍

「인간게놈의 해독은 놀랄 만한 사건이다. 그것은 오염, 전쟁, 그리고 빈곤에 의해 야기된 비참한 보건상태의 증진을 위한 인간의 노력에 있어서 탁월한 발견이다. (그러나 다른 인간의 과학적인 위업과 같이 사회적, 산업적 관계를 위협할 수 있다) 그것은 사람들을 실직시키고 가족을 개편할 잠재성을 가지고 있다. 이러한 과학적인 위업이 인종차별의 도구로 전환되는 것을 막기 위해 효과적인 법이 통과되어야 한다.」

46

> A : How can I help you?
> B : I'd like to open a savings account.

① at the theater   ② at the airport

③ at the restaurant   ④ at the park

⑤ at the bank

✔해설 「A : 무엇을 도와드릴까요?
　　　B : 예금계좌를 하나 개설하고 싶습니다.」

47

> Mrs. Brown : Honey, where is that noise coming from? It's pretty loud!
> Mr. Brown : What noise?
> Mrs. Brown : That noise, that squeaking noise. Can you hear it?
> Mr. Brown : Wait. Yes, I can. Oh, no. I think it's the suspension!
> Mrs. Brown : The suspension? I thought you got it inspected a couple of weeks ago and everything was all right.
> Mr. Brown : That's right. I did. But something may have happened when I drove over a tree branch a minute ago while you were sleeping.
> Mrs. Brown : Honey, let's pull over to the shoulder and take a look.

① in a car   ② on a sidewalk

③ in a house   ④ in a garage

⑤ at a filling station

✔해설 갓길에 차를 대고 하는 것을 보면 현재 운전 중이라는 것을 알 수 있다.
pretty 아주, 꽤 loud 시끄러운, 소란한, 소리가 큰 squeaking 삐걱삐걱하는 소리 suspension 정직, 정학, 자동차의 차체를 받쳐주는 장치 inspect 점검하다, 사찰하다 branch 나뭇가지 pull over 정차하다, 길옆으로 빠져 차를 대다 take a look 점검하다, 사찰하다 sidewalk 보도, 인도 garage 차고, 주차장
① 차 안 ② 보도 위 ③ 집 안 ④ 차고 안 ⑤ 주유소
「Mrs. Brown : 여보, 어디서 나는 소리지? 매우 시끄러워요!
 Mr. Brown : 무슨 소리?
 Mrs. Brown : 저 소리요, 끽하는 소리. 들려요?
 Mr. Brown : 기다려봐. 응, 들려. 오, 안 돼. 내 생각엔 그 소리는 서스펜션(자동차의 차체를 받쳐주는 장치)에서 나는 거야!

Mrs. Brown : 서스펜션이요? 당신이 몇 주 전에 그걸 검사하고 모든 게 괜찮다고 한 걸로 알고 있는데요.
Mr. Brown : 맞아. 내가 했어. 하지만 몇 분 전, 당신이 자고 있을 동안 내가 나뭇가지를 넘어 운전할 때 무슨 일이 일어난 것 같아.
Mrs. Brown : 여보, 저 쪽에 차를 세우고 점검 해봐요.」

▌48~49 ▌ 다음 중 두 사람이 나눈 대화의 내용이 어색한 것을 고르시오.

48 ① A : I'm going out for a walk. Can I do anything for you while I'm out?

B : Could you pick up some toothpaste at the drugstore?

② A : I'd like to make a reservation for two people for the second week of February.

B : I'm sorry, but there's nothing available that week.

③ A : Have you decided what you're going to major in?

B : Yes, I have. I'm planning to go to Australia during holidays.

④ A : What are you going to do after you graduate, Mr. Anderson?

B : I'm going to start my own business in my hometown.

⑤ A : Would you like to have a dinner with me this weekend?

B : I'm sorry I can't make it. Can you give me a rain check?

✔해설 ① A : 밖으로 산책하러 나갈건데, 외출하는 동안 뭐 시킬 것 있어?
  B : 약국에서 치약 좀 사다줄 수 있니?
② A : 2월 둘째 주에 2인용으로 예약하고 싶습니다.
  B : 죄송합니다만, 그 주에는 이용할 수가 없습니다(예약분이 남아있지 않습니다).
③ A : 뭘 전공할 것인지 결정했니?
  B : 응, 나는 휴가 동안 호주에 갈 계획이야.
④ A : Anderson씨, 졸업 후에 무엇을 할 예정입니까?
  B : 고향에서 사업을 시작해 보려고요.
⑤ A : 이번 주말에 나랑 같이 저녁 먹을래?
  B : 미안하지만 안 될 것 같아. 다음엔 어때?

49　① A : I am really too tired to work any more.

　　　B : O.K. Let's call it a day.

② A : What would you do if you were in my shoes?

　　B : I wish I were you.

③ A : You don't look yourself today.

　　B : I've got a headache.

④ A : I can't thank you enough.

　　B : You're welcome.

⑤ A : Are we still going on a picnic tomorrow? It might rain.

　　B : Let's wait and see.

> ✔ 해설　call it a day (하루일과를) 끝내다, 마치다, 마감하다　in one's shoes ~의 입장이 되어, ~을 대신하여　look (like) oneself 평소와 다름없어 보이다, 건강해 보이다
> 　　① A : 나는 정말로 너무 피곤해서 더 이상 일을 할 수가 없어.
> 　　　B : 좋아. 끝내자.
> 　　② A : 만약 네가 내 입장이라면 어떻게 하겠니?
> 　　　B : 내가 너라면 좋을 텐데.
> 　　③ A : 오늘은 평소의 너처럼 보이지 않아(건강해 보이지 않아. 아픈 것 같아).
> 　　　B : 두통이 있어.
> 　　④ A : 나는 너에게 충분히 감사할 수 없어(정말 고마워).
> 　　　B : 천만에.
> 　　⑤ A : 우리 내일 소풍 가? 비 올지도 몰라.
> 　　　B : 좀 더 두고 보자.

50 다음 대화에서 A가 연주회장에 도착한 시각은?

> A : Excuse me. How much longer should I wait for the concert? I've been waiting in the line for half an hour.
> B : I'm very sorry. There's been a sudden change in the concert schedule, so we'll be opening the doors in about twenty minutes.
> A : What time will the concert start, then? At about 9:00 tonight?
> B : At about 8:40. I apologize again for the delay.

① at 7:30

② at 7:50

③ at 8:20

④ at 8:40

⑤ at 9:20

✔ 해설 A가 묻는 시간에서 20분 후인 8시 40분에 콘서트를 시작하므로 현재 시각은 8시 20분이고, A가 반시간 동안 기다렸으므로 도착한 시각은 7시 50분이다.

「A : 실례합니다. 콘서트 시작하려면 얼마나 더 기다려야 되나요? 반시간 동안 기다렸어요.
B : 죄송합니다. 콘서트 일정이 갑자기 변경되었습니다. 그래서 약 20분 후에 문을 열겁니다.
A : 그럼 몇 시에 콘서트 시작합니까? 밤 9시?
B : 대략 8시 40분에 시작합니다. 지연 때문에 죄송합니다.」

CHAPTER

02 수학

1. 단순계산

출제방향

사칙연산을 활용한 단순 계산식을 해결하는 유형으로, 자연수의 계산뿐만 아니라 소수, 분수 등의 계산을 포함하고 있다. 주어진 계산식의 값 구하기, 주어진 수식을 계산하여 얻어진 값이 가장 큰(작은) 것 고르기, 등식이 성립하도록 빈칸에 알맞은 연산기호 찾기, 할·푼·리 문제 등이 출제된다.

> 🐷 **Plus tip**
>
> 단순계산 유형은 어려운 수준의 문제가 아니기 때문에 특별한 지식보다는 실수하지 않고 차분히 풀어나가는 자세가 요구된다.

1 분수의 곱셈과 나눗셈

(1) 분수의 곱셈

① 진분수의 곱셈

    ㉠ 진분수와 자연수의 곱셈의 경우, 자연수를 분자에 곱한다.

        예 $\dfrac{2}{3} \times 1 = \dfrac{2 \times 1}{3}$

    ㉡ 진분수 간의 곱셈의 경우, 분모는 분모끼리 분자는 분자끼리 곱한다.

        예 $\dfrac{3}{5} \times \dfrac{3}{4} = \dfrac{3 \times 3}{5 \times 4}$

② 대분수의 곱셈

    ㉠ 대분수와 자연수의 곱셈의 경우, 먼저 대분수를 가분수로 고친 후 분자에 자연수를 곱한다.

        예 $2\dfrac{1}{3} \times 3 = \dfrac{7}{3} \times 3 = \dfrac{21}{3}$

ⓒ 대분수 간의 곱셈의 경우, 먼저 대분수를 가분수로 고친 후 진분수의 곱셈처럼 분모는 분모끼리 분자는 분자끼리 곱한다.

예 $2\dfrac{1}{3} \times 3\dfrac{2}{5} = \dfrac{7}{3} \times \dfrac{17}{5} = \dfrac{7 \times 17}{3 \times 5}$

(2) 분수의 나눗셈

① 분모가 같은 진분수의 나눗셈의 경우, 분모는 신경 쓰지 않고 분자끼리 나눈다.

예 $\dfrac{4}{5} \div \dfrac{2}{5} = 4 \div 2$

② 분모가 다른 분수의 나눗셈의 경우, 나누어지는 수에 나누는 수의 역수를 곱한다.

예 $\dfrac{3}{4} \div \dfrac{2}{3} = \dfrac{3}{4} \times \dfrac{3}{2}$

2 할·푼·리

할·푼·리에서 할은 기준량을 10으로, 푼은 기준량을 100으로, 리는 기준량을 1000으로 하는 비율로, 이를 소수로 나타내었을 때, 소수 첫째 자리, 소수 둘째 자리, 소수 셋째 자리를 이르는 말이다.

0.524는 5할 2푼 4리로, 35%는 3할 5푼으로 표현할 수 있다. 할·푼·리 계산의 경우 소수나 분수로 나타낸 후 계산하는 것이 수월하다.

예 5의 8할을 구하시오.

5×0.8 또는 $5 \times \dfrac{8}{10}$

2. 대소비교

출제방향
분수 또는 단순한 수식의 크기를 비교하는 유형의 문제이다. 난도가 높지 않은 단순 대소비교 유형의 비중이 가장 높으며, 단위를 환산하여 크기를 비교하는 문제, 도형의 모서리 또는 꼭짓점의 개수를 비교하는 문제도 출제된다. 또 다른 형태의 대소비교 유형으로는 단위의 변환이 있다.

☆ Plus tip
대분수를 가분수로 만드는 방법과 통분을 통해 분모가 다른 분수의 크기를 비교하는 방법을 알아둘 필요가 있다.

1 대표적 유형과 예시

유형	예시
자연수 문제	Q. 다음 주어진 A와 B의 크기를 비교하시오. $A : 150$ $\qquad$ $B : 540$
소수 문제	Q. 다음 주어진 A와 B의 크기를 비교하시오. $A : 1.815$ $\qquad$ $B : 3.846$
분수 문제	Q. 다음 주어진 A와 B의 크기를 비교하시오. $A : \dfrac{3}{5}$ $\qquad$ $B : \dfrac{7}{9}$
계산 문제	Q. 다음 주어진 A와 B의 크기를 비교하시오. $A : 11.7 \div 2.1 \times 4$ $\qquad$ $B : 4.2 \times 6 + 12$
도형 문제	Q. 다음 주어진 A와 B의 크기를 비교하시오. $A :$ 정육면체의 모서리의 수 $\qquad$ $B :$ 정팔면체의 꼭짓점의 수

2 단위변환

길이, 넓이, 부피, 무게, 시간, 속도 등에 따른 단위를 이해하고, 단위가 달라짐에 따라 해당 값이 어떻게 변하는지 환산할 수 있는 능력을 평가한다. 소수점 계산 및 자릿수를 읽고 구분하는 능력을 요하기도 한다. 기본적인 단위환산을 기억해 두는 것이 좋다.

구분	단위환산
길이	$1cm = 10mm$, $1m = 100cm$, $1km = 1,000m$
넓이	$1cm^2 = 100mm^2$, $1m^2 = 10,000cm^2$, $1km^2 = 1,000,000m^2$, $1m^2 = 0.01a = 0.0001ha$
부피	$1cm^3 = 1,000mm^3$, $1m^3 = 1,000,000cm^3$, $1km^3 = 1,000,000,000m^3$
들이	$1m\ell = 1cm^3$, $1d\ell = 100cm^3$, $1L = 1,000cm^3 = 10d\ell$
무게	$1kg = 1,000g$, $1t = 1,000kg = 1,000,000g$
시간	1분 = 60초, 1시간 = 60분 = 3,600초
할푼리	1푼 = 0.1할, 1리 = 0.01할, 1모 = 0.001할

3. 응용계산

출제방향

속도, 농도, 일의 양 등 간단한 공식과 1차 방정식을 활용하여 해결할 수 있는 문제 유형이다. 많은 비중을 차지하지는 않지만 확률이나 순열·조합, 수열 등의 문제가 출제되기도 한다.

> ☆ **Plus tip**
> 문제 해결에 필요한 핵심적인 공식에 대한 학습이 필수적이며, 다양한 유형의 문제를 많이 접해 공식을 다각도로 활용하는 방법도 미리 익혀두는 것이 좋다.

1 속력

(1) 정의

속력은 물체가 얼마나 빨리 움직이는가를 나타내는 양이며 속력이 크면 클수록 물체가 더 빨리 움직이고 있음을 의미한다. 일상생활에서는 ㎧ 등이 주로 사용되는데 이는 물체가 일 초당 움직인 거리(m)를 나타낸다.

(2) 공식

① 거리＝속력×시간

② 시간＝$\dfrac{거리}{속력}$

③ ~~속력~~－$\dfrac{거리}{시간}$

2 **농도**

(1) 정의

    액체나 혼합기체와 같은 용액을 구성하는 성분의 양(量)의 정도로 용액이 얼마나 진하고 묽은지를 수치적으로 나타내는 방법이다.

① **질량백분율** : 용액 100g 속에 녹아 있는 용질의 그램(g)수로서 %로 나타낸다.

② **부피백분율** : 용액 100㎖ 속에 녹아 있는 용질의 ㎖수로 용질의 부피백분율을 나타낸다. 단, 알코올이나 물처럼 혼합에 의해서 부피에 변화가 생기는 경우에는 혼합하기 전의 부피를 기준으로 한다.

(2) 공식

    식염의 양을 구한 후에 농도를 계산한다.

① 식염의 양(g)＝농도(%)×식염수의 양(g)÷100

② 구하는 농도＝$\dfrac{식염 \times 100(\%)}{식염 + 물\,(=식염수)}(\%)$

    ㉠ **식염수에 물을 더할 경우** : 분모에 $(+x\text{g})$의 식을 추가

    ㉡ **식염수에서 물을 증발시킬 경우** : 분모에 $(-x\text{g})$을 추가

    ㉢ **식염수에 식염을 더한 경우** : 분모, 분자 각각에 $(+x\text{g})$을 추가

3 확률

(1) 정의

하나의 사건이 일어날 수 있는 가능성을 수로 나타낸 것으로 같은 원인에서 특정의 결과가 나타나는 비율을 뜻한다.

(2) 공식

① **확률값** : 원인과 결과와의 계(系)를 사건이라고 하면 사건 A가 반드시 일어나는 경우, 사건 A의 확률 P(A)는 100%, 즉 1로 되고 그것이 절대로 일어나지 않으면 사건 A의 확률은 0이 된다. 따라서 일반적으로 사건 A의 확률이 1보다 커지는 경우는 없고 0보다 작아지는 경우도 없다. 확률의 값은 일반적으로 $0 \leq P(A) \leq 1$과 같이 표현된다.

② **덧셈정리** : A, B가 동시에 일어나지 않을 때, 즉 배반사건인 경우 A 또는 B의 어느 한쪽이 일어날 확률 P(A 또는 B)는 A 및 B가 일어날 확률의 합으로 된다. 즉, P(A∪B)=P(A)+P(B)로서 표현된다.

③ **곱셈정리** : 사건 A와 B가 서로 무관계하게 나타날 때, 즉 독립사건일 때 A와 B가 동시에 나타날 확률 P(A와 B)는 P(A∩B)=P(A)×P(B)로서 표현된다.

4 순열과 조합

(1) 경우의 수

① 한 사건 A가 a가지 방법으로 일어나고 다른 사건 B가 b가지 방법으로 일어날 때
  ㉠ 사건 A, B가 동시에 일어나는 경우 c가지 있을 때 : a+b−c(가지)
  ㉡ 사건 A, B가 동시에 일어나지 않는 경우 : a+b(가지)
  ㉢ 한 사건 A가 a가지 방법으로 일어나며 일어난 각각에 대하여 다른 사건 B가 b가지 방법으로 일어날 때 A, B 동시에 일어나는 경우의 수는 a×b(가지)이다.

② 화폐의 지불 방법의 가지 수와 지불금액의 가지 수 A원 권 a장, B원 권 b장, C원 권 c장으로 지불할 때
  ㉠ 지불하는 방법의 가지 수 : (a+1)(b+1)(c+1)−1(가지)
  ㉡ 지불금액의 가지 수
   • 화폐 액면이 중복되지 않을 때 : (a+1)(b+1)(c+1)−1(가지)
   • 화폐 액면이 중복될 때 : 큰 액면을 작은 액면으로 바꿈

(2) 순열

① **정의** : 서로 다른 n개의 물건에서 r개를 택하여 한 줄로 배열하는 것을 n개의 물건에서 r개를 택하는 순열이라 하고 이 순열의 수를 기호로 $_nP_r$와 같이 나타낸다.

② **공식**

ㄱ $_nP_r = n(n-1)(n-2)(n-3) \times \cdots \times (n-r+1) = \dfrac{n!}{(n-r)!}$ (단, $0 \le r \le n$)

ㄴ $0! = 1$, $_nP_0 = 1$

③ **원순열** : 서로 다른 n개의 물건을 원형으로 배열하는 순열, $(n-1)!$

④ **중복순열** : 서로 다른 n개에서 중복을 허용하여 r개를 택하는 순열을 중복순열이라 하고 기호로는 $_n\Pi_r = n^r$로 나타낸다.

⑤ **탁자순열** : $(n-1)! \times$ (자리를 순차로 옮겨서 달라지는 것의 개수)

5 도형의 길이 · 면적 · 부피

(1) 도형의 길이

① 둘레의 길이 = 전체를 둘러싸고 있는 길이의 합계

② 주요 공식

ㄱ **원둘레** : 지름 $\times \pi$

ㄴ **부채꼴의 길이** : 원둘레 $\times \dfrac{\text{중심각}}{360}$

ㄷ **장방형** : (가로 + 세로) $\times 2$

ㄹ **정삼각형** : 한 변의 길이 $\times 3$

(2) 도형의 면적

① 원의 면적 : 반지름 × 반지름 × π

② 삼각형의 면적 : 밑변×높이÷2

③ 부채꼴의 면적 : 원의 면적 × $\dfrac{중심각}{360}$

④ 사다리꼴의 면적 : (윗변+밑변) × 높이 ÷ 2

⑤ 구의 면적 : (반지름)^3 × π

(3) 도형의 부피

① 사각 기둥의 부피 : 밑면적×높이

② 원기둥의 부피 : 원의 면적×높이

③ 각뿔의 부피 : 사각기둥의 부피× $\dfrac{1}{3}$

④ 원뿔의 부피 : 원기둥의 부피× $\dfrac{1}{3}$

⑤ 구의 부피 : $\dfrac{4}{3}$ × (반지름)^3 × π

출제예상문제

|1~5| 다음 식을 계산하여 알맞은 답을 고르시오.

1

$$0.5 + 21 - 0.75$$

① 15.05 ② 15.5
③ 20.75 ④ 20.5
⑤ 21.5

✔ **해설** $21.5 - 0.75 = 20.75$

2

$$\frac{5}{6} + \frac{1}{3} \div \frac{1}{9}$$

① $\frac{13}{3}$ ② $\frac{23}{6}$

③ $\frac{11}{4}$ ④ $\frac{14}{5}$

⑤ $\frac{11}{9}$

✔ **해설** $\frac{5}{6} + \frac{1}{3} \div \frac{1}{9} = \frac{23}{6}$

3

$$630 \times 0.2 \times 10^{-1}$$

① 0.0126   ② 0.126

③ 1.26   ④ 12.6

⑤ 126

✔ 해설 $630 \times 0.2 \times 10^{-1} = 12.6$

4

$$(-3)^2 \times \sqrt{4} \div \frac{1}{\sqrt{9}} + 31$$

① 81   ② 85

③ 87   ④ 93

⑤ 95

✔ 해설 $(-3)^2 \times \sqrt{4} \div \frac{1}{\sqrt{9}} + 31 = 85$

5

$$\frac{4}{7} - \frac{3}{8}$$

① $\frac{9}{16}$ ② $\frac{11}{12}$

③ $\frac{13}{24}$ ④ $\frac{11}{56}$

⑤ $\frac{17}{32}$

✔ 해설 $\frac{4}{7} - \frac{3}{8} = \frac{32 - 21}{56} = \frac{11}{56}$

Answer   1.③ 2.② 3.④ 4.② 5.④

6

$$270 - 224 \div (\quad) = 158$$

① 2   ② 4

③ 8   ④ 14

⑤ 7

✔ 해설 $270 - 224 \div 2 = 270 - 112 = 158$

7

$$72 \times 25 \div (\quad) = 60$$

① 25   ② 30

③ 35   ④ 40

⑤ 45

✔ 해설 $1800 \div (\ 30\ ) = 60$

8

$$57 \div (\quad) - 5 = 14$$

① 3   ② 8

③ 10   ④ 15

⑤ 5

✔ 해설 $57 \div 3 - 5 = 14$

9

$$25 \times 4 - (\quad) = 79$$

① 21　　　　　　　　　　② 23
③ 25　　　　　　　　　　④ 29
⑤ 33

✔해설 $100 - (21) = 79$

10

$$15 \times 17 \div (\quad) = 85$$

① 2　　　　　　　　　　② 3
③ 4　　　　　　　　　　④ 6
⑤ 7

✔해설 $15 \times 17 \div (3) = 85$

▌11~15▐ 다음 계산식 중 계산하여 얻어진 값이 가장 큰 것을 고르시오.

11 ① 52+18+21

② 43+25+32

③ 47+20+25

④ 50+23+25

⑤ 53+26+20

✔해설 ① 91 ② 100 ③ 92 ④ 98 ⑤ 99

12 ① 26+13+19

② 35+3+19

③ 16+25+19

④ 27+25+13

⑤ 26+21+8

✔해설 ① 58 ② 57 ③ 60 ④ 65 ⑤ 55

13 ① 92+87+120

② 102+110+79

③ 110+97+90

④ 99+98+100

⑤ 111+87+80

✔해설 ① 299 ② 291 ③ 297 ④ 297 ⑤ 278

14 ① 325+242+175

② 425+263+50

③ 175+198+380

④ 302+307+110

⑤ 420+250+40

✔해설 ① 742 ② 738 ③ 753 ④ 719 ⑤ 710

15 ① 121+208+301

② 320+409+16

③ 91+195+164

④ 410+21+127

⑤ 80+200+250

✔해설 ① 630 ② 745 ③ 450 ④ 558 ⑤ 530

┃16~20┃ 다음 주어진 A, B의 크기를 비교하시오.

16

> • $A : \sqrt{(a-b)^2}$ • $B : |b-a|$

① $A > B$　　　　　　　② $A < B$

③ $A = B$　　　　　　　④ 비교할 수 없다.

✔해설 $\sqrt{(a-b)^2} = |a-b| = |b-a|$
$\therefore A = B$

17

> • $A : \dfrac{121}{11}$ • $B : \dfrac{143}{13}$

① $A > B$　　　　　　　② $A < B$

③ $A = B$　　　　　　　④ 비교할 수 없다.

✔해설 $A : \dfrac{121}{11} = 11$, $B : \dfrac{143}{13} = 11$
$\therefore A = B$

18

> • $A : 3\dfrac{2}{5}$ • $B : \dfrac{17}{5}$

① $A > B$　　　　　　　② $A < B$

③ $A = B$　　　　　　　④ 비교할 수 없다.

✔해설 $A : 3\dfrac{2}{5} = \dfrac{17}{5}$, $B : \dfrac{17}{5}$
$\therefore A = B$

Answer　11.② 12.④ 13.① 14.③ 15.② 16.③ 17.③ 18.③

19

$$\bullet\, A : \frac{38}{3} \qquad\qquad \bullet\, B : \frac{43}{4}$$

① $A > B$　　　　　　　　② $A < B$

③ $A = B$　　　　　　　　④ 비교할 수 없다.

✔해설　A : $\frac{152}{12}$

B : $\frac{129}{12}$

$\therefore A > B$

20

$$\bullet\, A : 3\frac{2}{5} \qquad\qquad \bullet\, B : 2\frac{7}{9}$$

① $A > B$　　　　　　　　② $A < B$

③ $A = B$　　　　　　　　④ 비교할 수 없다.

✔해설　A : $3\frac{2}{5} = \frac{17}{5} = \frac{153}{45}$

B : $2\frac{7}{9} = \frac{25}{9} = \frac{125}{45}$

$\therefore A > B$

21 190원짜리 사탕과 220원짜리 초콜릿을 합하여 총 18개를 사고 금액을 3,800원 이하로 할 때 초콜릿은 최고 몇 개까지 살 수 있는가?

① 10개   ② 11개

③ 12개   ④ 13개

⑤ 14개

> ✔**해설** 초콜릿의 개수를 x라 하면
> $$190(18-x)+220x \leq 3,800$$
> $$x \leq 12\frac{2}{3}$$
> ∴ 초콜릿은 최고 12개까지 살 수 있다.

22 부피가 125인 정육면체의 한 변의 길이를 A, 겉넓이를 B라고 할 때, $\dfrac{A}{B}$는 얼마인가? (단, 단위는 모두 같다고 가정한다.)

① $\dfrac{1}{10}$ ② $\dfrac{1}{15}$

③ $\dfrac{1}{20}$ ④ $\dfrac{1}{25}$

⑤ $\dfrac{1}{30}$

> ✔**해설** 정육면체의 부피는 $A^3 = 125$이므로, A는 5이다.
> 정육면체의 겉넓이는 $6A^2$이므로, B는 150이다.
> 따라서 $\dfrac{A}{B} = \dfrac{1}{30}$이다.

23 9번의 사격을 해서 얻은 총 점수가 83.1이다. 평균 9.4를 받기 위해서는 10번째에 몇 점을 얻어야 하는가?

① 6.5

② 7

③ 8.9

④ 9.9

⑤ 10.9

> ✔해설 10번째 받는 점수를 x라 하면
> $(83.1+x)\div10=9.4$
> $83.1+x=94$
> $x=94-83.1=10.9$

24 연속한 세 자연수의 합이 27일 때, 세 수의 곱은?

① 720

② 740

③ 760

④ 780

⑤ 810

> ✔해설 연속된 세 정수를 $x-1,\ x,\ x+1$라고 하면 $3x=27$이므로 $x=9$
> 따라서 연속된 세 정수의 곱은 $8\times9\times10=720$

25 두 개의 주사위를 동시에 던질 때 나오는 두 수의 합이 4보다 작거나 같을 확률은?

① $\dfrac{1}{6}$

② $\dfrac{1}{5}$

③ $\dfrac{1}{4}$

④ $\dfrac{1}{3}$

⑤ $\dfrac{1}{2}$

> ✔해설 두 개의 주사위를 각각 a, b라고 할 때 합이 4보다 작거나 같을 확률은 다음과 같다.
> ㉠ $a+b=2$일 확률 : $\dfrac{1}{6}\times\dfrac{1}{6}=\dfrac{1}{36}$
> ㉡ $a+b=3$일 확률
> • $a=1,\ b=2$ • $a=2,\ b=1=\dfrac{2}{36}$
> ㉢ $a+b=4$일 확률
> • $a=1,\ b=3$ • $a=2,\ b=2$ • $a=3,\ b=1=\dfrac{3}{36}$
> $\therefore\ \dfrac{1+2+3}{36}=\dfrac{6}{36}=\dfrac{1}{6}$

26 연속한 세 자연수 중, 가운데 숫자에 5를 곱한 후에 세 수를 합해보니 49가 나왔다. 연속한 세 숫자 중 가장 작은 수는 얼마인가?

① 6   ② 7

③ 9   ④ 8

⑤ 10

> ✔해설 연속한 제 자연수를 $a-1$, a, $a+1$ 이라고 할 때,
> $a-1+5a+a+1 = 7a = 49$이므로 $a = 7$이다.
> 연속하는 세 숫자 $a-1$, a, $a+1$ 중 가장 작은 숫자는 $7-1 = 6$

27 357m의 길 양측에 같은 간격으로 나무를 심으려 한다. 7m 간격으로 심을 때 나무는 몇 그루가 필요한가?

① 51그루   ② 52그루

③ 102그루   ④ 103그루

⑤ 104그루

> ✔해설 357m에 7m 간격으로 심으면
> $357 \div 7 = 51$
> 처음에 1개를 심어야 하므로 $51 + 1 = 52$
> 양쪽에 심어야 하므로
> $52 \times 2 = 104$(그루)

28 세 사람의 나이를 모두 곱하면 2450이고 모두 더하면 46이다. 최고령자의 나이는?

① 21   ② 25

③ 28   ④ 35

⑤ 45

> ✔해설 $xyz = 2450 = 2 \times 5^2 \times 7^2$에서, 세 사람의 나이로 가능한 숫자는 2, 5, 7, 10, 14, 25, 35이다. 이 중 세 수의 합이 46인 조합은 (7, 14, 25)만 가능하고, 이 때 최고령자의 나이는 25세이다.

29 어느 마을에서 가족이 3명인 세대수는 전체의 $\frac{1}{5}$, 가족이 4명인 세대수는 $\frac{1}{7}$이다. 다음 중 전체 세대수로 가능한 값은?

① 42

② 50

③ 60

④ 70

⑤ 80

> ✔해설 전체 세대수를 x라 할 때 $\frac{1}{5}x$와 $\frac{1}{7}x$ 모두 자연수여야 한다. 5와 7의 최소공배수는 35이므로, x는 35의 배수여야 한다. 이를 만족하는 것은 ④이다.

30 세 가지 육류가 들어가는 어느 요리에 3인분당 돼지고기 100g, 4인분당 닭고기 100g, 6인분당 소고기 100g이 쓰인다. 세 가지 육류 3600g을 남김없이 사용하여 그 요리를 만들었다면, 몇 인분인가?

① 24

② 36

③ 48

④ 52

⑤ 62

> ✔해설 요리에 대해 몇 인분을 만들었는지는 동시에 적용된다. 총 x인분의 요리를 만들었다고 할 때, 각각의 재료에 대하여 1인분 당 고기량과 인분수의 곱을 합한 값이 사용한 총 육류량이 된다.
>
> $$\frac{100}{3}x + \frac{100}{4}x + \frac{100}{6}x = 3600$$
>
> $$\therefore x = 3600 \times \frac{12}{900} = 48 (인분)$$

31 유리구슬 제조 공장에서 기존제품보다 지름이 2배인 구슬을 만들어 달라는 주문을, 부피가 2배인 제품을 만들어 달라는 주문으로 잘못 받아들여 유리 100kg만을 준비하였다. 유리 몇 kg을 더 준비하여야 하는가?

① 100kg

② $100\sqrt{2} - 100$kg

③ 300kg

④ $100\sqrt[3]{2} - 100$kg

⑤ 400kg

✔해설 기존제품의 반지름을 r이라고 하면, $V = \frac{4}{3}\pi r^3$

부피가 두 배인 것으로 착각하였으므로, $2V = \frac{8}{3}\pi r^3 = 100$ (kg)

지름이 두 배인 유리구슬의 부피는

$V' = \frac{4}{3}\pi(2r)^3 = \frac{32}{3}\pi r^3 = 4 \times \left(\frac{8}{3}\pi r^3\right) = 4 \times 100 = 400$ (kg)

이미 100kg을 준비하였으므로, 300kg이 더 필요하다.

32 두 집합 $A = \{a, b, c, d, e\}$, $B = \{a, d\}$에 대하여 $X \subset A$와 $B \cup X = \{a, b, d\}$를 동시에 만족하는 집합 X의 개수는?

① 3개

② 4개

③ 5개

④ 6개

⑤ 7개

✔해설 $B \cup X = \{a, b, d\}$이므로, X는 b를 포함해야 한다. 또한 A의 부분집합이면서 c와 e를 포함하지 않아야 한다.

$\{b\} \subset X \subset \{a, b, d\}$

집합 X의 원소의 개수는 $\{a, b, d\}$에서 b를 제외하고 $2^2 = 4$개가 된다.

33 220쪽의 과학만화가 너무 재미있어서 시험기간 5일 동안 하루도 빠지지 않고 매일 20장씩 읽었다. 시험이 끝나면 나머지를 모두 읽으려고 한다. 시험이 끝나면 모두 몇 쪽을 읽어야 하나?

① 100쪽   ② 105쪽

③ 110쪽   ④ 115쪽

⑤ 120쪽

> ✔ 해설 전체페이지에서 5일 동안 읽은 페이지를 뺀 나머지를 구한다.
> $220 - (5 \times 20) = 120$

34 상자 속에 검사하지 않은 제품 30개가 있다. 이 상자에서 2개의 제품을 임의로 선택하여 한 개씩 검사할 때, 두 개 모두 합격품이면 30개 모두 합격품인 것으로 인정한다. 30개의 제품 중 불량품이 6개 들어 있을 때, 이들 30개의 제품이 합격품으로 인정받을 확률은?

① $\dfrac{83}{135}$ ② $\dfrac{91}{135}$

③ $\dfrac{87}{145}$ ④ $\dfrac{82}{145}$

⑤ $\dfrac{92}{145}$

> ✔ 해설 • 30개의 제품이 합격품으로 인정받으려면 24개의 합격품 중 2개를 뽑아야 한다.
> • 상자에서 처음 꺼낸 제품이 합격품이 나올 확률은 $\dfrac{24}{30} = \dfrac{4}{5}$, 두 번째 제품이 합격품일 확률은 $\dfrac{23}{29}$이다.
> $$\therefore \frac{4}{5} \times \frac{23}{29} = \frac{92}{145}$$

35 40%의 소금물 300g을 가열하여, 50g의 물을 증발시키면 몇 %의 소금물이 되는가?

① 40%   ② 42%

③ 44%   ④ 46%

⑤ 48%

> ✔ 해설 40% 소금물 300g에 들어 있는 소금의 양은 $300 \times 0.4 = 120(g)$이고,
> 물의 양은 $300 - 120 = 180(g)$이다.
> 물이 50g 증발했으므로 $180 - 50 = 130(g)$이므로
> 소금물의 농도는 $\dfrac{120}{130 + 120} \times 100 = \dfrac{120}{250} \times 100 = 48(\%)$이다.

36 가로의 길이가 세로의 길이보다 4㎝ 더 긴 직사각형이 있다. 이 직사각형의 둘레가 28㎝일 때 세로의 길이는?

① 4㎝   ② 5㎝

③ 6㎝   ④ 7㎝

⑤ 8㎝

> ✔ **해설** 직사각형의 둘레는 가로의 길이 × 2 + 세로의 길이 × 2이다.
> 세로의 길이를 x라고 가정할 때 가로의 길이는 $x+4$이고, 둘레는 $2 \times (x+4) + (2 \times x)$이므로 $4x+8=28$, 따라서 x는 5이다.

37 연봉 인상률이 급여액의 10%인 회사의 사원이 초봉 2,200만 원을 받을 경우 2년 후에 낼 세금은?(단, 세금은 연봉의 10%)

① 242만 원   ② 260만 원

③ 266만 2천 원   ④ 268만 원

⑤ 270만 5천 원

> ✔ **해설** 매년 연봉액
> ㉠ 1년 후 : $2,200 + (2,200 \times 0.1) = 2,420$(만 원)
> ㉡ 2년 후 : $2,420 + (2,420 \times 0.1) = 2,662$(만 원)
> 세금은 연봉의 10%이므로 $2,662 \times 0.1 = 266.2$(만 원)

38 원가가 150원의 상품을 200개 사들이고 4할 이익이 남게 정가를 정하여 판매하였지만 그 중 50개가 남았다. 팔다 남은 상품을 정가의 2할 할인으로 전부 팔았다면 이익의 총액은 얼마인가?

① 9,900원   ② 10,000원

③ 11,000원   ④ 11,200원

⑤ 13,000원

> **✔해설** 판매가의 이익은 $150 \times 0.4 = 60$이고, 150개 판매했으므로
> $60 \times 150 = 9,000$(원)이다.
> 판매가에서 2할 할인가격은 $150(1+0.4)(1-0.2) = 168$(원)
> 원가와의 차익은 $168 - 150 = 18$(원)
> 나머지 판매에서 얻은 이익은 $18 \times 50 = 900$(원)
> ∴ 총 이익은 $9,000 + 900 = 9,900$(원)

39 민수의 제 작년 나이의 $\frac{1}{4}$과 내년 나이의 $\frac{1}{5}$이 같을 때 민수의 올해 나이는?

① 10세   ② 12세

③ 14세   ④ 16세

⑤ 18세

> **✔해설** 민수의 올해 나이를 x라 하면
> $$\frac{1}{4}(x-2) = \frac{1}{5}(x+1)$$
> $$5(x-2) = 4(x+1)$$
> $$5x - 10 = 4x + 4 \quad \therefore \ x = 14(세)$$

40 50원 우표와 80원 우표를 합쳐서 27장 구입했다. 80원 우표의 비용이 50원 우표의 비용의 2배일 때 각각 몇 장씩 구입하였는가?

① 50원 우표 15개, 80원 우표 19개

② 50원 우표 11개, 80원 우표 16개

③ 50원 우표 10개, 80원 우표 17개

④ 50원 우표 9개, 80원 우표 18개

⑤ 50원 우표 12개, 80원 우표 15개

> ✔**해설** 50원 우표를 x개, 80원 우표를 y개라 할 때,
> $x + y = 27 \cdots$ ㉠
> $(50x) \times 2 = 80y \cdots$ ㉡
> ㉠에서 $y = 27 - x$를 ㉡에 대입하면
> $100x = 80(27 - x)$
> $180x = 2160$
> $x = 12,\ y = 15$

PART

02

언어능력 B

논리추리

1 다음의 진술로부터 도출될 수 없는 주장은?

> 어떤 사람은 신의 존재와 운명론을 믿지만, 모든 무신론자가 운명론을 거부하는 것은 아니다.

① 운명론을 거부하는 어떤 무신론자가 있을 수 있다.

② 운명론을 받아들이는 어떤 무신론자가 있을 수 있다.

③ 운명론과 무신론에 특별한 상관관계가 있는지는 알 수 없다.

④ 무신론자들 중에는 운명을 믿는 사람이 있다.

⑤ 모든 사람은 신의 존재와 운명론을 믿는다.

> ✔해설 '모든 무신론자가 운명론을 거부하는 것은 아니다'에서 보면 운명론을 거부하는 무신론자도 있고, 운명론을 믿는 무신론자도 있다는 것을 알 수 있다.

2 다음과 같은 전제가 있을 경우 옳게 설명하고 있는 것을 고르면?

> • 민수는 한국인이다.
> • 농구를 좋아하면 활동적이다.
> • 농구를 좋아하지 않으면 한국인이 아니다.

① 민수는 활동적이다.   ② 한국인은 활동적이지 않다.

③ 민수는 농구를 좋아하지 않는다.   ④ 활동적인 사람은 한국인이 아니다.

⑤ 농구를 좋아하면 한국인이 아니다.

> ✔해설 민수 = A, 한국인 = B, 농구 = C, 활동적 = D라 하고 농구를 좋아하지 않음 = ~C, 한국인이 아님 = ~B라 하면, 주어진 조건에서 A→B, C→D, ~C→~B인데 ~C→~B는 B→C이므로(대우) 전체적인 논리를 연결시켜보면 A→B→C→D가 되어 A→D의 결론이 나올 수 있다.

▌3~5 ▌ 다음에 제시된 사실들이 모두 참일 때, 결론의 참, 거짓, 알 수 없음을 판단하시오.

3

사실
㉠ 이씨는 김씨보다 앞에 있다.
㉡ 최씨는 김씨보다 뒤에 있다.
㉢ 박씨는 최씨 바로 앞에 있다.
㉣ 홍씨는 제일 뒤에 있다.
㉤ 박씨 앞에는 두 명이 있다.

결론
최씨는 이씨보다 뒤에 있다.

① 참   ② 거짓   ③ 알 수 없음

✔해설 제시된 조건 중 ㉠㉡은 변수가 생길 수 있는 것이나, ㉢㉣을 통해 확실한 위치를 추론할 수 있다.

```
|--------+--------+--------+--------+--------|
  이씨     김씨     박씨     최씨     홍씨
```
따라서 결론은 참이다.

4

사실
A~E 5명의 입사성적를 비교하면 A의 순번 뒤에는 2명이 있다.
D의 순번 바로 앞에는 B가 있다.
E의 앞에는 2명 이상의 사람이 있고 C보다는 앞이었다.

결론
입사성적인 두 번째로 높은 사람은 D가 된다.

① 참   ② 거짓   ③ 알 수 없음

✔해설 조건에 따라 순번을 매겨 높은 순으로 정리하면 BDAEC가 된다.
따라서 두 번째로 높은 사람은 D가 된다.

5

사실

㉠ 어떤 회사의 사원 평가 결과 모든 사원이 최우수, 우수, 보통 중 한 등급으로 분류되었다.

㉡ 최우수에 속한 사원은 모두 45세 이상이었다.

㉢ 35세 이상의 사원은 우수에 속하거나 자녀를 두고 있지 않았다.

㉣ 우수에 속한 사원은 아무도 이직경력이 없다.

㉤ 보통에 속한 사원은 모두 대출을 받고 있으며, 무주택자인 사원 중에는 대출을 받고 있는 사람이 없다.

㉥ 이 회사의 직원A는 자녀가 있으며 이직경력이 있는 사원이다.

결론

A는 35세 미만이고 주택을 소유하고 있다.

① 참   ② 거짓   ③ 알 수 없음

✔해설 마지막 단서에서부터 시작해서 추론하면 된다.

직원A는 자녀가 있으며 이직경력이 있는 사원이다. 따라서 이직경력이 있기 때문에 ㉣에 의해 A는 우수에 속한 사원이 아니다. 또 자녀가 있으며 우수에 속하지 않았기 때문에 ㉢에 의해 35세 미만인 것을 알 수 있다. 35세 미만이기 때문에 ㉡에 의해 최우수에 속하지도 않고, 이 결과 A는 보통에 해당함을 알 수 있다. ㉤에 의해 대출을 받고 있으며, 무주택 사원이 아님을 알 수 있다.

따라서, A는 35세 미만이고 주택을 소유하고 있다는 결론은 참이다.

┃6~10┃ 다음 진술이 참이 되기 위해서 필요한 전제를 보기에서 모두 고르시오.

6

• A, B, C, D, E, F, G는 출·퇴근시 교통수단으로 각각 대중교통 또는 자가용을 이용한다.

• 이들은 매일 같은 교통수단을 이용하여 출·퇴근하며, 출근시와 퇴근시 이용하는 교통수단도 같다고 한다.

• 자가용과 대중교통을 같이 이용하는 사람은 없고, 대중교통 환승을 두 번 이상 하는 사람도 없다.

• 7명이 이용하는 대중교통으로는 8번 버스, 20번 버스, 지하철 2, 3, 5호선이 있다.

• 대중교통 환승을 하는 사람이 3명 있으며, 버스에서 버스로 환승 하는 사람은 없다.

• 버스를 이용하는 사람은 A, D, F이고, 지하철을 이용하는 사람은 A, B, D, E이다.

• 어제 출근 도중 A와 D는 8번 버스에서 만났고, B와 D는 지하철 2호선에서 만났다.

A : B는 출·퇴근시 환승을 하지 않는다.

B : 자가용을 이용하는 사람은 1명이다.

① A만 옳다.

② B만 옳다.

③ A와 B 모두 옳다.

④ A와 B 모두 그르다.

⑤ A와 B 모두 옳은지 그른지 알 수 없다.

✔ 해설 ⊙ 주어진 조건을 정리하면 다음과 같다.

회사원	대중교통
A	버스(8), 지하철
B	지하철(2)
C	자가용
D	버스(8), 지하철(2)
E	지하철
F	버스
G	자가용

ⓒ 이때, F는 20번 버스를 이용해야 하며, B와 E 중 한 명은 다른 지하철로 환승해야 한다. 따라서 A 와 B 모두 그르다.

회사원	대중교통
A	버스(8), 지하철
B	지하철(2), 지하철
C	자가용
D	버스(8), 지하철(2)
E	지하철
F	버스(20)
G	자가용

회사원	대중교통
A	버스(8), 지하철
B	지하철(2)
C	자가용
D	버스(8), 지하철(2)
E	지하철, 지하철
F	버스(20)
G	자가용

7

> • 민주, 소라, 정희, 아라는 모두 민혁이를 좋아한다.
> • 찬수는 영희를 좋아한다.
> • 영훈은 소라를 좋아한다.
> • 민혁이는 아라를 좋아한다.

> A : 민혁이와 아라는 서로 좋아하는 사이다.
> B : 영희는 찬수를 좋아한다.

① A만 옳다.
② B만 옳다.
③ A와 B 모두 옳다.
④ A와 B 모두 그르다.
⑤ A와 B 모두 옳은지 그른지 알 수 없다.

✔ **해설** 아라는 민혁이를 좋아하고 민혁이도 아라를 좋아하기 때문에 A는 옳다. 찬수가 영희를 좋아한다는 내용은 나와 있지만 영희가 누굴 좋아하는지는 나와 있지 않다. 따라서 A만 옳다.

8

> • A, B, C 3명이 아래와 같이 진술하였다.
> • A : 우리 중 한 사람만 진실을 말한다.
> • B : 우리 모두 거짓말을 한다.
> • C : 우리 모두 진실을 말한다.

> A : A는 거짓말을 했다.
> B : B는 거짓말을 했다.

① A만 옳다.
② B만 옳다.
③ A와 B 모두 옳다.
④ A와 B 모두 그르다.
⑤ A와 B 모두 옳은지 그른지 알 수 없다.

✔️**해설** A의 말이 참이라면, B와 C는 거짓말이어야 한다.
B의 말이 진실이라면, A, B, C 모두 거짓이므로 B의 말은 모순이다. 따라서 B의 말은 거짓이다. C의 말이 진실이라면, A, B, C 모두 진실이어야 하는데 B가 진실이 될 수 없다. 따라서 모순이다.

9

> • 민희의 어머니는 요리를 한다.
> • 요리하는 모든 사람이 난폭하지는 않다.
> • 난폭한 사람은 배려심이 없다.
> • 누리의 어머니는 난폭하다.

> A : 민희의 어머니는 난폭하지 않다.
> B : 누리의 어머니는 배려심이 없다.

① A만 옳다.
② B만 옳다.
③ A와 B 모두 옳다.
④ A와 B 모두 그르다.
⑤ A와 B 모두 옳은지 그른지 알 수 없다.

✔️**해설** 요리하는 사람은 난폭할 수도 있고 그렇지 않을 수도 있다. 따라서 민희의 어머니가 난폭한지 아닌지는 알 수 없다. 누리의 어머니는 난폭하므로 배려심이 없다. 따라서 B만 옳다.

10

- A군이 제일 처음 여행할 나라는 영국이다.
- A군이 프랑스에 간다면 영국에는 가지 않는다.
- A군은 프랑스에 가거나 독일에 간다.
- A군이 스위스에 가지 않는다면 독일에도 가지 않는다.
- A군은 독일에 가고 이탈리아에 간다.

A : A군은 프랑스를 여행하게 된다.
B : A군은 독일을 여행하게 된다.

① A만 옳다.

② B만 옳다.

③ A와 B 모두 옳다.

④ A와 B 모두 그르다.

⑤ A와 B 모두 옳은지 그른지 알 수 없다.

> ✔ 해설 두 번째 조건의 대우는 '영국에 간다면 프랑스에 가지 않는다'이다.
> 첫 번째 조건에서 영국에 간다고 했으므로, A군은 프랑스에는 가지 않는다.
> 세 번째 조건에서 프랑스에 가거나 독일에 간다고 했으므로, A군은 독일에 간다.
> 네 번째 조건의 대우는 '독일에 간다면, 스위스에 간다'이므로 A군은 스위스에 간다.
> A군은 독일에 가고, 이탈리아에도 간다.
> 따라서 A군은 영국, 독일, 스위스, 이탈리아에 가게 된다.

다음 진술이 참이 되기 위해서 필요한 전제를 보기에서 모두 고르시오.

11

> 명지는 현명한 사람이다.

〈보기〉

㉠ 명지는 업무를 미리 준비하는 사람이다.

㉡ 명지는 화를 내지 않는 사람이다.

㉢ 명지는 임기응변이 좋은 사람이다.

㉣ 업무를 미리 준비하는 사람은 현명한 사람이다.

㉤ 매일 운동을 하는 사람은 신뢰할 수 있는 사람이다.

㉥ 임기응변이 좋은 사람은 순발력이 좋은 사람이다.

① ㉠㉣

② ㉠㉤

③ ㉡㉣

④ ㉡㉤

⑤ ㉢㉣

해설 '명지는 현명한 사람이다'가 참이 되려면,
'명지는 업무를 미리 준비하는 사람이다.'와 '업무를 미리 준비하는 사람은 현명한 사람이다.'가 필요하다.
따라서 ①이 정답이다.

12

> 농부는 행복한 사람이다.

> 〈보기〉
> ㉠ 농부는 매사에 감사하는 사람이다.
> ㉡ 농부는 매사에 만족할 줄 아는 사람이다.
> ㉢ 농부는 자급자족할 줄 아는 사람이다.
> ㉣ 매사에 만족할 줄 아는 사람은 행복한 사람이다.
> ㉤ 매사에 감사하며 사는 사람은 성공할 수 있는 사람이다.
> ㉥ 행복한 사람은 성공할 수 있는 사람이다.

① ㉠㉣ ② ㉠㉤
③ ㉡㉣ ④ ㉡㉤
⑤ ㉢㉣

✔해설 '농부는 행복한 사람이다.'가 참이 되려면,
'농부는 매사에 만족할 줄 아는 사람이다.'와 '매사에 만족할 줄 아는 사람은 행복한 사람이다.'가 필요하다.
따라서 ③이 정답이다.

13

> 대표자는 직원들을 이끌 수 있는 사람이다.

> 〈보기〉
> ㉠ 대표자는 적극적으로 참여하는 사람이다.
> ㉡ 대표자는 상식이 풍부한 사람이다.
> ㉢ 대표자는 실패를 맛 본 사람이다.
> ㉣ 상식이 풍부한 사람 생각의 깊이가 다른 사람이다.
> ㉤ 적극적으로 참여하는 사람은 직원들을 이끌 수 있는 사람이다.
> ㉥ 실패를 맛 본 사람은 독서를 즐겨하는 사람이다.

① ㉠㉣ ② ㉠㉤
③ ㉡㉣ ④ ㉡㉤
⑤ ㉢㉣

✔ 해설 '대표자는 직원들을 이끌 수 있는 사람이다.'가 참이 되려면,
'대표자는 적극적으로 참여하는 사람이다.'와 '적극적으로 참여하는 사람은 직원들을 이끌 수 있는 사람이다.'가 필요하다.
따라서 ②가 정답이다.

14

노력하는 사람은 성공할 수 있는 사람이다.

〈보기〉

㉠ 노력하는 사람은 잠재력을 믿는 사람이다.
㉡ 노력하는 사람은 도전하는 사람이다.
㉢ 노력하는 사람은 불만이 없는 사람이다.
㉣ 불만이 없는 사람은 감사할 줄 아는 사람이다.
㉤ 도전하는 사람은 성공할 수 있는 사람이다.
㉥ 잠재력을 믿는 사람은 긍정적인 사람이다.

① ㉠㉣   ② ㉠㉤
③ ㉡㉣   ④ ㉡㉤
⑤ ㉢㉣

✔ 해설 '노력하는 사람은 성공할 수 있는 사람이다.'가 참이 되려면,
'노력하는 사람은 도전하는 사람이다.'와 '도전하는 사람은 성공할 수 있는 사람이다.'가 필요하다.
따라서 ④가 정답이다.

15

> 긍정적인 사람은 남을 감싸줄 수 있는 사람이다.

〈보기〉
㉠ 긍정적인 사람은 웃을 수 있는 사람이다.
㉡ 긍정적인 사람은 성공할 수 있는 사람이다.
㉢ 긍정적인 사람은 남을 탓하지 않는 사람이다.
㉣ 남을 탓하지 않는 사람은 남을 감싸줄 수 있는 사람이다.
㉤ 성공할 수 있는 사람은 남에게 베풀 줄 아는 사람이다.
㉥ 웃을 수 있는 사람은 긍정적인 사람이다.

① ㉠㉣
② ㉠㉤
③ ㉡㉣
④ ㉡㉤
⑤ ㉢㉣

✔ 해설 '긍정적인 사람은 남을 감싸줄 수 있는 사람이다.'가 참이 되려면,
'긍정적인 사람은 남을 탓하지 않는 사람이다.'와 '남을 탓하지 않는 사람은 남을 감싸줄 수 있는 사람이다.'가 필요하다.
따라서 ⑤가 정답이다.

16

> • 사과를 먹은 사람은 딸기를 먹은 사람이다.
> • 수박을 먹은 사람은 딸기를 먹지 않은 사람이다.
> • 수박을 먹지 않은 사람은 참외를 먹지 않은 사람이다.

① 사과를 먹은 사람은 참외를 먹은 사람이다.
② 사과를 먹은 사람은 수박을 먹지 않은 사람이다.
③ 딸기를 먹은 사람은 사과를 먹은 사람이다.
④ 딸기를 먹은 사람은 참외를 먹은 사람이다.
⑤ 수박을 먹은 사람은 참외를 먹지 않은 사람이다.

> ✔해설 ㉠ 참인 명제의 대우 역시 참이므로,
> 두 번째 명제의 대우는
> '딸기를 먹은 사람은 수박을 먹지 않은 사람이다.'
> ㉡ 나머지 명제들과 연결시켜보면,
> = 사과○ → 딸기○ → 수박× → 참외×

17

> • 김치찌개를 좋아하는 사람은 미역국을 싫어하는 사람이다.
> • 된장국을 싫어하는 사람은 김치찌개를 좋아하는 사람이다.
> • 매운탕을 싫어하는 사람은 된장국을 싫어하는 사람이다.

① 미역국을 좋아하는 사람은 매운탕을 좋아하는 사람이다.
② 미역국을 좋아하는 사람은 된장국을 싫어하는 사람이다.
③ 김치찌개를 싫어하는 사람은 된장국을 싫어하는 사람이다.
④ 김치찌개를 싫어하는 사람은 매운탕을 싫어하는 사람이다.
⑤ 된장국을 싫어하는 사람은 매운탕을 좋아하는 사람이다.

> ✔해설 참인 명제의 대우 역시 참이므로,
> • 미역국을 좋아하는 사람은 김치찌개를 싫어하는 사람이다.
> • 김치찌개를 싫어하는 사람은 된장국을 좋아하는 사람이다.
> • 된장국을 좋아하는 사람은 매운탕을 좋아하는 사람이다.
> 따라서 미역국○ → 김치찌개× → 된장국○ → 매운탕○

Answer　　15.⑤　16.②　17.①

18

> • 민수는 A기업에 다닌다.
> • 영어를 잘하면 업무 능력이 뛰어난 것이다.
> • 영어를 잘하지 못하면 A기업에 다닐 수 없다.
> • A기업은 우리나라 대표 기업이다.

① 민수는 업무 능력이 뛰어나다.
② A기업에 다니는 사람들은 업무 능력이 뛰어나지 못하다.
③ 민수는 영어를 잘하지 못한다.
④ 민수는 수학을 매우 잘한다.
⑤ 업무 능력이 뛰어난 사람은 A기업에 다니는 사람이 아니다.

> ✔해설 주어진 조건을 잘 풀어보면 민수는 A기업에 다닌다, 영어를 잘하면 업무 능력이 뛰어나다, 업무 능력이 뛰어나지 못하면 영어를 못한다, 영어를 못하는 사람은 A기업에 다니지 않는다, A기업 사람은 영어를 잘한다. 전체적으로 연결시켜 보면 '민수 → A기업에 다닌다. → 영어를 잘한다. → 업무 능력이 뛰어나다.' 이므로 '민수는 업무 능력이 뛰어나다.'는 결론을 도출할 수 있다.

19

> • 테니스를 잘하면 배드민턴을 잘한다.
> • 탁구를 잘하면 배드민턴을 못한다.
> • 배구를 못하면 탁구를 잘한다.
> • 축구를 잘하면 배구를 못한다.
> • 축구를 못하면 야구를 잘한다.

① 축구를 못하면 야구를 못한다.
② 배구를 잘하면 탁구를 못한다.
③ 탁구를 못하면 야구를 못한다.
④ 배드민턴을 잘하면 축구를 잘한다.
⑤ 테니스를 잘하면 축구를 못한다.

✔해설 ㉠ 참인 명제의 대우 역시 참이므로,
　　　　두 번째, 세 번째, 네 번째 명제의 대우는
　　• 배드민턴을 잘하면 탁구를 못한다.
　　• 탁구를 못하면 배구를 잘한다.
　　• 배구를 잘하면 축구를 못한다.
㉡ 나머지 명제들과 연결시켜보면,
　　= 테니스○ → 배드민턴○ → 탁구× → 배구○ → 축구× → 야구○

20

> • 소고기를 구매하지 않으면 돼지고기를 구매한다.
> • 양고기를 구매하면 소고기를 구매하지 않는다.
> • 양고기를 구매하지 않으면 닭고기를 구매한다.
> • 닭고기를 구매하면 오리고기를 구매한다.

① 돼지고기를 구매하지 않으면 닭고기를 구매하지 않는다.

② 소고기를 구매하면 오리고기를 구매하지 않는다.

③ 양고기를 구매하지 않으면 오리고기를 구매하지 않는다.

④ 소고기를 구매하면 닭고기를 구매한다.

⑤ 오리고기를 구매하면 소고기를 구매하지 않는다.

✔해설 ㉠ 참인 명제의 대우 역시 참이므로,
　　　　첫 번째, 두 번째 명제의 대우는
　　• 돼지고기를 구매하지 않으면 소고기를 구매한다.
　　• 소고기를 구매하면 양고기를 구매하지 않는다.
㉡ 나머지 명제들과 연결시켜보면,
　　= 돼지고기× → 소고기○ → 양고기× → 닭고기○ → 오리고기○

21

> • 철수의 아버지는 운전을 한다.
> • 운전하는 모든 사람이 난폭하지는 않다.
> • 난폭한 사람은 참을성이 없다.
> • 영수의 아버지는 난폭하다.

① 철수의 아버지는 난폭하지 않다.
② 운전하는 사람은 모두 난폭하다.
③ 영수의 아버지는 참을성이 없다.
④ 영수의 아버지는 난폭하지 않다.
⑤ 철수의 아버지는 참을성이 없다.

✔ **해설** 운전하는 사람은 난폭할 수도 있고 그렇지 않을 수도 있다. 따라서 철수의 아버지가 난폭한지 아닌지는 알 수 없다. 영수의 아버지는 난폭하므로 참을성이 없다.

22

> • 부자는 자동차가 있다.
> • 자동차가 있는 사람은 금반지가 있다.
> • 하선이는 금반지를 가지고 있지 않다.
> • 수정이는 자동차가 없다.

① 하선이는 자동차가 있다.
② 하선이는 부자다.
③ 수정이는 금반지가 있다.
④ 하선이와 수정이는 부자다.
⑤ 수정이는 부자가 아니다.

✔ **해설** 부자 → 자동차 → 금반지
~금반지 → ~자동차 → ~부자
수정이는 자동차가 없으므로 부자가 아니다.

23 전제가 다음과 같을 때 결론으로 올바른 것은?

> • 운동을 좋아하는 사람은 등산을 좋아한다.
> • 산을 좋아하는 사람은 등산을 좋아한다.
> • 건강을 중요시하는 사람은 운동을 좋아한다.
> • 결론 : _____

① 산을 좋아하는 사람은 운동을 좋아한다.
② 등산을 하면 건강해진다.
③ 산을 좋아하지 않는 사람은 등산을 좋아한다.
④ 건강을 중요시 하지 않는 사람은 산을 좋아한다.
⑤ 건강을 중요시하는 사람은 등산을 좋아한다.

✔해설 조건을 정리하면 '건강→운동→등산', '산→등산'이 된다.
따라서 결론은 '건강을 중요시하는 사람은 등산을 좋아한다'가 된다.

24 다음에 제시된 정보를 종합할 때, 물음에 알맞은 개수는 몇 개인가?

> • 테이블 5개와 의자 10개의 가격은 의자 5개와 서류장 10개의 가격과 같다.
> • 의자 5개와 서류장 15개의 가격은 의자 5개와 테이블 10개의 가격과 같다.
> • 서류장 10개와 의자 10개의 가격은 테이블 몇 개의 가격과 같은가?

① 8개   ② 9개
③ 10개   ④ 11개
⑤ 12개

✔해설 두 번째 정보에서 테이블 1개와 의자 1개는 서류장 2개의 가격과 같음을 알 수 있다.
세 번째 정보에서 두 번째 정보를 대입하면 테이블 1개는 의자 1개와 서류장 1개의 가격과 같아진다는
것을 알 수 있다.
그러므로 서류장 10개와 의자 10개의 가격은 테이블 10개의 가격과 같다.

25 A회사의 건물에는 1층에서 4층 사이에 5개의 부서가 있다. 다음 조건에 일치하는 것은?

> • 영업부와 기획부는 복사기를 같이 쓴다.
> • 3층에는 경리부가 있다.
> • 인사부는 홍보부의 바로 아래층에 있다.
> • 홍보부는 영업부의 아래쪽에 있으며 2층의 복사기를 쓰고 있다.
> • 경리부는 위층의 복사기를 쓰고 있다.

① 영업부는 기획부와 같은 층에 있다.

② 경리부는 4층의 복사기를 쓰고 있다.

③ 인사부는 2층의 복사기를 쓰고 있다

④ 기획부는 4층에 있다.

⑤ 영업부는 3층의 복사기를 쓰고 있다.

✔해설 ① 복사기를 같이 쓴다고 해서 같은 층에 있는 것은 아니다. 영업부가 경리부처럼 위층의 복사기를 쓸 수도 있다.
③ 인사부가 2층의 복사기를 쓰고 있다고 해서 인사부의 위치가 2층인지는 알 수 없다.
④ 제시된 조건으로 기획부의 위치는 알 수 없다.
⑤ 제시된 조건으로는 알 수 없다.

26 수덕, 원태, 광수는 임의의 순서로 빨간색, 파란색, 노란색 지붕을 가진 집에 나란히 이웃하여 살고, 개, 고양이, 원숭이라는 서로 다른 애완동물을 기르며, 광부·농부·의사라는 서로 다른 직업을 갖는다. 알려진 정보가 다음과 같을 때, 옳은 것은?

> • 광수는 광부이다.
> • 가운데 집에 사는 사람은 개를 키우지 않는다.
> • 농부와 의사의 집은 서로 이웃해 있지 않다.
> • 노란 지붕 집은 의사의 집과 이웃해 있다.
> • 파란 지붕 집에 사는 사람은 고양이를 키운다.
> • 원태는 빨간 지붕 집에 산다.

① 수덕은 빨간 지붕 집에 살지 않고, 원태는 개를 키우지 않는다.
② 노란 지붕 집에 사는 사람은 원숭이를 키우지 않는다.
③ 원태는 고양이를 키운다.
④ 수덕은 개를 키우지 않는다.
⑤ 원태는 농부다.

✔해설 농부와 의사의 집은 서로 이웃해 있지 않으므로, 가운데 집에는 광부가 산다. 가운데 집에 사는 사람은 광수이고, 개를 키우지 않는다. 파란색 지붕 집에 사는 사람이 고양이를 키우므로, 광수는 원숭이를 키운다. 노란 지붕 집은 의사의 집과 이웃해 있으므로, 가운데 집의 지붕은 노란색이다. 따라서 수덕은 파란색 지붕 집에 살고 고양이를 키운다. 원태는 빨간색 지붕 집에 살고 개를 키운다.

27 홍 부장은 이번 출장에 계약 실무를 담당하도록 하기 위해 팀 내 직원 서 과장, 이 대리, 최 사원, 엄 대리, 조 사원 5명 중 2명을 선정하려고 한다. 다음 조건을 만족할 때 홍 부장이 선정하게 될 직원 2명으로 알맞게 짝지어진 것은 어느 것인가?

- 서 과장이 선정되면 반드시 이 대리도 선정된다.
- 이 대리가 선정되지 않아야만 엄 대리가 선정된다.
- 최 사원이 선정되면 서 과장은 반드시 선정된다.
- 조 사원이 선정되지 않으면 엄 대리도 선정되지 않는다.

① 서 과장, 최 사원
② 엄 대리, 조 사원
③ 서 과장, 조 사원
④ 이 대리, 엄 대리
⑤ 이 대리, 최 사원

✔**해설** 첫 번째 조건에서 서 과장 선정 시 이 대리는 반드시 선정되어야 한다. 또한 두 번째 조건에서 이 대리가 선정되면 엄 대리는 선정되지 않으므로 결국 이 대리와 엄 대리, 서 과장과 엄 대리는 함께 선정될 수 없다.
세 번째 조건에서 최 사원 선정 시 서 과장은 반드시 참여해야 한다. 네 번째 조건의 대우 명제를 살펴보면, 엄 대리가 선정될 때 조 사원도 선정된다는 것을 알 수 있다.
따라서 서 과장과 이 대리, 최 사원과 서 과장은 반드시 함께 선정되어야 하므로 서 과장+이 대리+최 사원 세 명이 반드시 함께 선정되어야만 하며, 엄 대리와 조 사원 역시 함께 선정된다는 사실을 알 수 있다.
따라서 2명을 선정할 경우, 항상 함께 선정되어야만 하는 인원과 제한 인원 2명과의 모순 관계가 없는 엄 대리와 조 사원이 선정되어야 한다.

28 최 대리, 남 대리, 양 과장, 강 사원, 이 과장 5명은 사내 기숙사 A동~E동에 나누어 숙소를 배정받았다. 다음 조건을 참고할 때, 같은 동에 배정받을 수 있는 두 사람이 올바르게 짝지어진 것은 어느 것인가?

> • 최 대리는 C동, D동, E동에 배정받지 않았다.
> • 남 대리는 A동, C동, D동에 배정받지 않았다
> • 양 과장은 B동, D동, E동에 배정받지 않았다.
> • 강 사원은 B동, C동, E동에 배정받지 않았다.
> • 이 과장은 A동, C동, E동에 배정받지 않았다.
> • 아무도 배정받지 않은 동은 C동뿐이다.
> • A동은 두 사람이 배정받은 동이 아니다.

① 최 대리, 양 과장
② 남 대리, 이 과장
③ 최 대리, 강 사원
④ 양 과장, 강 사원
⑤ 강 사원, 이 과장

✔해설 조건을 참고하여 내용을 표로 정리하면 다음과 같다.

A동	B동	C동	D동	E동
~~최 대리, 강 사원~~ 양 과장	~~남 대리~~ 최 대리, 이 과장		강 사원, 이 과장	남 대리

C동에 아무도 배정받지 않았다는 것은 나머지 4개의 동 중 2명이 배정받은 동이 있다는 의미가 된다. 우선, 남 대리는 E동에 배정받은 것을 알 수 있다. 또한 B동과 D동에 양 과장이 배정받지 않았으므로 양 과장은 A동에 배정받은 것이 되며, A동은 두 사람이 배정받은 동이 아니므로 나머지 인원은 A동에 배정받지 않았음을 알 수 있다. 따라서 B동에는 남 대리를 제외한 최 대리, 이 과장이 배정받을 수 있고, D동에는 강 사원, 이 과장이 배정받을 수 있다. 이것은 결국 B동에는 최 대리, D동에는 강 사원이 배정받은 것이 되며, 이 과장이 배정받은 동만 정해지지 않은 상태가 된다.
따라서 주어진 조건에 의하면 최 대리와 이 과장 또는 강 사원과 이 과장이 같은 동에 배정받을 수 있다.

29 6권의 책을 책장에 크기가 큰 것부터 차례대로 책을 배열하려고 한다. 책의 크기가 동일할 때 알파벳 순서대로 책을 넣는다면 다음 조건에 맞는 진술은 어느 것인가?

> • Demian은 책장의 책들 중 두 번째로 큰 하드커버 북이다.
> • One Piece와 Death Note의 책 크기는 같다.
> • Bleach는 가장 작은 포켓북이다.
> • Death Note는 Slam Dunk보다 작다.
> • The Moon and Sixpence는 One Piece보다 크다.

① Demian은 Bleach 다음 순서에 온다.
② 책의 크기는 Slam Dunk가 The Moon and Sixpence 보다 크다.
③ One Piece는 Bleach의 바로 앞에 온다.
④ Slam Dunk 다음 순서로 Demian이 온다.
⑤ 가장 큰 책은 The Moon and Sixpence이다.

> ✔해설 ① Bleach는 가장 작은 포켓북이므로 마지막 순서에 온다.
> ② Slam Dunk와 The Moon and Sixpence 둘 중 어떤 책이 더 큰지는 알 수 없다.
> ④ Demian이 더 큰지 Slam Dunk가 더 큰지 알 수 없다.
> ⑤ 알 수 없다.

30 갑, 을, 병, 정이 있다. 각각의 위치가 다음과 같을 때 반드시 참인 것은?

> • 갑은 을의 앞에 있다.
> • 병은 갑의 뒤에 있다.
> • 정은 을 뒤에 있다.

① 정은 가장 뒤에 있다.　　　　　② 병은 정 앞에 있다.
③ 을은 병보다 앞에 있다.　　　　④ 갑이 가장 앞에 있다.
⑤ 정은 갑보다 앞에 있다.

> ✔해설 ①②③ 병이 을과 정 앞에 있을 수도 있고, 사이에 있을 수도 있다. 또한, 가장 뒤에 있을 수도 있으므로 을, 병, 정의 위치는 주어진 조건만으로는 파악할 수 없다.
> ④ 주어진 조건으로는 '갑 > 을 > 정, 갑 > 병'만 알 수 있다. 이를 통해 갑이 을, 정, 병보다 앞에 있음을 확인할 수 있다.

31 두 명의 한국인과 두 명의 중국인, 그리고 일본인, 미국인, 영국인 각각 한 명씩 모두 일곱 명을 의자에 일렬로 나란히 앉히려고 한다. 영국인이 왼쪽에서 세 번째 자리에 앉아야 하고, 다음과 같이 좌석을 배정해야 한다면, 오른쪽에서 세 번째 자리에 앉아야 하는 사람의 국적은?

> • 중국인은 가장 왼쪽 자리에, 일본인은 가장 오른쪽 자리에 앉아야 한다.
> • 중국인끼리는 서로 붙어서 앉아야 한다.
> • 한국인 사이에는 외국인 한 명이 꼭 사이에 끼어 앉아야 한다.

① 한국인　　　　　　　　　　② 중국인
③ 일본인　　　　　　　　　　④ 영국인
⑤ 미국인

✔ 해설 영국인은 반드시 왼쪽에서 세 번째 자리에 앉아야 하며, 한국인 사이에는 외국인 한 명이 꼭 사이에 끼어 앉아야 한다. 또한 중국인은 중국인끼리 붙어 앉아야 하며 일본인은 가장자리에 앉아야 하므로

중국인	중국인	영국인	한국인	미국인	한국인	일본인

32 다음은 그림은 복도를 사이에 두고 1001 ~ 1003호, 1004 ~ 1007호의 7개 방이 엘리베이터의 양쪽에 늘어서 있는 것을 나타낸 것이다. A ~ G 7명이 다음과 같이 각 호에 1명씩 투숙하고 있다고 할 때 1006호에 묵고 있는 사람은 누구인가?

1001	1002	1003	–	엘리베이터
1004	1005	1006	1007	

- B의 방 맞은편에는 D의 방이 있다.
- C의 방 양 옆으로 A, G가 묵고 있다.
- F의 양 옆에는 D, E가 묵고 있다.
- G는 엘리베이터와 가장 가깝다.

① B
② C
③ D
④ E
⑤ F

✔ 해설

D	F	E	–	엘리베이터
B	A	C	G	

33 A, B, C, D, E, F, G, H 8명이 수영대회 결승전에 진출하였다. 다음 조건을 모두 고려하였을 때, 항상 참인 것을 고르면?

- 8명 중 순위가 동일한 선수는 없다.
- H는 C보다 먼저 골인하였으나, F보다는 늦게 골인하였다.
- B에 이어 바로 E가 골인하였으며, E와 F 사이에 세 사람이 골인하였다.
- C는 B보다 늦게 골인하였고, B는 F보다 빨리 골인하였으며, A의 순위는 3위가 아니었다.

① A의 순위는 4위이다.
② H보다 늦게 골인한 사람은 2명이다.
③ D의 순위는 최소한 5위이다.
④ G는 3위가 될 수 없다.
⑤ F는 상위권에 들었다.

여기서 [] 안의 세 명의 순위는 바뀔 수 있다.
① A의 순위는 4위 또는 5위가 될 수 있다.
② H보다 늦게 골인한 사람은 C 1명이다.
③ D는 3, 4, 5위를 할 수 있다.
④ G는 3위가 될 수 있다.

34 '총기허가증이 없으면, 사냥총을 사용할 수 없다.'는 규칙이 잘 지켜지고 있는지를 알아내기 위해 꼭 조사해야
하는 두 사람을 고르면?

- 갑 : 총기허가증이 없음, 사냥총 사용 여부를 알지 못함
- 을 : 총기허가증이 있는지 알 수 없음, 사냥총을 사용하고 있음
- 병 : 총기허가증이 있는지 알 수 없음, 사냥총을 사용하고 있지 않음
- 정 : 총기허가증이 있음, 사냥총 사용 여부를 알지 못함

① 병, 정   ② 갑, 병
③ 을, 병   ④ 을, 정
⑤ 갑, 을

✔해설 갑 : 총기허가증이 없으므로 사냥총을 사용해서는 안 된다. 사냥총 사용 여부를 조사해야 한다.
을 : 사냥총을 사용하고 있으므로 총기허가증이 꼭 있어야 한다. 총기허가증의 유무를 조사해야 한다.
병 : 사냥총을 사용하고 있지 않으므로 총기허가증이 있는지 확인하지 않아도 된다.
정 : 총기허가증이 있으므로 사냥총을 사용해도 된다.

35 J회사에서 신제품 음료에 대한 블라인드 테스트를 진행하였다. 테스트에 응한 직원 30명은 음료 A, B, C에 대해 1~3순위를 부여하였는데 그에 대한 결과가 다음과 같을 때, C에 3순위를 부여한 사람의 수는? (단, 두 개 이상의 제품에 같은 순위를 부여할 수 없다)

> ㉠ A를 B보다 선호하는 사람은 18명이다.
> ㉡ B를 C보다 선호하는 사람은 25명이다.
> ㉢ C를 A보다 선호하는 사람은 10명이다.
> ㉣ C에 1순위를 부여한 사람은 없다.

① 12명   ② 13명
③ 14명   ④ 15명
⑤ 16명

✔해설 C에 1순위를 부여한 사람은 없으므로 가능한 순위 조합은 (A-B-C), (A-C-B), (B-A-C), (B-C-A)이다.
㉡ (A-B-C)∪(B-A-C)∪(B-C-A)=25 ∴ (A-C-B)=5
㉠ (A-B-C)∪(A-C-B)=18 ∴ (A-B-C)=13
㉢ (B-C-A)=10 ∴ (B-A-C)=2
∴ C에 3순위를 부여한 사람은 15명이다.

36 어떤 사진을 물끄러미 보고 있는 사람에게 누군가가 물었다. 그가 보고 있는 것은 누구의 사진인가?

> "당신은 지금 누구의 사진을 보고 있나요?"
> "나는 남자 형제도 여자 형제도 없는데, 이 남자의 아버지는 내 아버지의 아들입니다." (여기서, '이 남자의 아버지'란 사진 속에 있는 남자의 아버지를 말한다)

① 할아버지   ② 아버지
③ 자기 자신   ④ 아들
⑤ 손자

✔해설 이 남자의 아버지와 내 아버지의 아들을 정확히 구분하여야 한다.
여기서 사진을 보고 있는 사람은 형제가 없는 외아들이며, 내 아버지의 아들은 자기 자신이 된다. 그러므로 이 남자의 아버지는 즉, 사진을 보고 있는 자기 자신이므로 이 남자는 아들이 되는 것이다.

37 S씨는 자신의 재산을 운용하기 위해 자산에 대한 설계를 받고 싶어 한다. S씨는 자산 설계사 A∼E를 만나 조언을 들었다. 그런데 이들 자산 설계사들은 주 투자처에 대해서 모두 조금씩 다르게 추천을 해주었다. 해외 펀드, 해외부동산, 펀드, 채권, 부동산이 그것들이다. 다음을 따를 때, A와 E가 추천한 항목은?

- S씨는 A와 D와 펀드를 추천한 사람과 같이 식사를 한 적이 있다.
- 부동산을 추천한 사람은 A와 C를 개인적으로 알고 있다.
- 채권을 추천한 사람은 B와 C를 싫어한다.
- A와 E는 해외부동산을 추천한 사람과 같은 대학에 다녔었다.
- 해외펀드를 추천한 사람과 부동산을 추천한 사람은 B와 같이 한 회사에서 근무한 적이 있다.
- C와 D는 해외부동산을 추천한 사람과 펀드를 추천한 사람을 비난한 적이 있다.

① 펀드, 해외펀드   ② 채권, 펀드
③ 부동산, 펀드   ④ 채권, 부동산
⑤ 펀드, 부동산

✔해설 조건대로 하나씩 채워나가면 다음과 같다.

	A	B	C	D	E
해외펀드	×	×	○	×	×
해외부동산	×	○	×	×	×
펀드	×	×	×	×	○
채권	○	×	×	×	×
부동산	×	×	×	○	×

A와 E가 추천한 항목은 채권, 펀드이다.

38 갑, 을, 병, 정의 네 나라에 대한 다음의 조건으로부터 추론할 수 있는 것은?

> ㉠ 이들 나라는 시대 순으로 연이어 존재했다.
> ㉡ 네 나라의 수도는 각각 달랐는데 관주, 금주, 평주, 한주 중 어느 하나였다.
> ㉢ 한주가 수도인 나라는 평주가 수도인 나라의 바로 전 시기에 있었다.
> ㉣ 금주가 수도인 나라는 관주가 수도인 나라의 바로 다음 시기에 있었으나, 정보다는 이전 시기에 있었다.
> ㉤ 병은 가장 먼저 있었던 나라는 아니지만, 갑보다는 이전 시기에 있었다.
> ㉥ 병과 정은 시대 순으로 볼 때 연이어 존재하지 않았다.

① 금주는 갑의 수도이다.
② 관주는 병의 수도이다.
③ 평주는 정의 수도이다.
④ 을은 갑의 다음 시기에 존재하였다.
⑤ 병은 시기상 가장 처음에 존재하였다.

✔해설 ㉢㉣에 의해 관주-금주-한주-평주 순서임을 알 수 있다. 그리고 ㉣㉤㉥에 의해 을-병-갑-정의 순서임을 알 수 있다.

39 다음 조건을 참고할 때, 5명이 입고 있는 옷의 색깔을 올바르게 설명하고 있는 것은?

> • 갑, 을, 병, 정, 무 5명은 각기 빨간색, 파란색, 검은색, 흰색 옷을 입고 있으며 같은 색 옷을 입은 사람은 2명이다.
> • 병과 정은 파란색과 검은색 옷을 입지 않았다.
> • 을과 무는 흰색과 빨간색 옷을 입지 않았다.
> • 갑, 을, 병, 정은 모두 다른 색 옷을 입고 있다.
> • 을, 병, 정, 무는 모두 다른 색 옷을 입고 있다.

① 병과 정은 같은 색 옷을 입고 있다.
② 정이 흰색 옷을 입고 있다면 병은 무와 같은 색 옷을 입고 있다.
③ 무가 파란색 옷을 입고 있다면 갑은 검은색 옷을 입고 있다.
④ 병이 빨간색 옷을 입고 있다면 갑은 흰색 옷을 입고 있다.
⑤ 을이 검은색 옷을 입고 있다면 파란색 옷을 입은 사람은 2명이다.

✔ 해설 주어진 조건을 표로 정리하면 다음과 같다.

경우	갑	을	병	정	무
㉠	검은색	파란색	빨간색	흰색	검은색
㉡	파란색	검은색	흰색	빨간색	파란색

따라서 보기 ⑤에서 언급한 바와 같이 을이 검은색 옷을 입고 있다면 갑과 무는 파란색 옷을 입고 있는 것이 되므로 파란색 옷을 입고 있는 사람은 2명이 된다.

40 은행, 식당, 편의점, 부동산, 커피 전문점, 통신사 6개의 상점이 아래에 제시된 조건을 모두 만족하며 위치할 때, 오른쪽에서 세 번째 상점은 어느 것인가?

> ㉠ 모든 상점은 옆으로 나란히 연이어 위치하고 있으며, 사이에 다른 상점은 없다.
> ㉡ 편의점과 식당과의 거리는 두 번째로 멀다.
> ㉢ 커피 전문점과 편의점 사이에는 한 개의 상점이 있다.
> ㉣ 왼쪽에서 두 번째 상점은 통신사이다.
> ㉤ 식당의 바로 오른쪽 상점은 부동산이다.

① 식당
② 통신사
③ 은행
④ 편의점
⑤ 커피 전문점

✔ 해설 ㉡에 따라, 두 번째로 멀기 위해서는 편의점과 식당 중 하나가 맨 끝에 위치하고 다른 하나는 반대쪽의 끝에서 두 번째에 위치해야 한다는 것을 알 수 있다.
㉣을 통해서 왼쪽에서 두 번째에 편의점이나 식당이 위치할 수 없음을 알 수 있으므로 이 두 상점은 맨 왼쪽과 오른쪽에서 두 번째에 나뉘어 위치해야 한다.
㉤을 통해서 맨 왼쪽은 식당이 아닌 편의점의 위치임을 알 수 있다. 동시에 맨 오른쪽은 부동산, 그 옆은 식당이라는 것도 알 수 있다.
㉢을 통해서 커피 전문점이 왼쪽에서 세 번째 상점이라는 것을 알 수 있다.
따라서 이를 종합하면, 왼쪽부터 편의점, 통신사, 커피 전문점, 은행, 식당, 부동산의 순으로 상점들이 이어져 있으며 오른쪽에서 세 번째 상점은 은행이 된다.

Answer   38.③   39.⑤   40.③

02 어휘유추

▌1~10▌ 다음에 주어진 단어 3개를 보고 연상할 수 있는 것을 고르시오.

1

> 오페라의 유령, 브로드웨이, 아리아

① 할리우드   ② 중세유럽
③ 발레   ④ 뮤지컬
⑤ 영화

✔**해설** 오페라의 유령, 브로드웨이, 아리아를 통해 뮤지컬을 연상할 수 있다.

2

> 마이크, 회식, 스피커

① 골프장   ② 사무실
③ 옥탑방   ④ 노래방
⑤ 도서관

✔**해설** 마이크, 회식, 스피커를 통해 노래방을 연상할 수 있다.

3

> 가시, 화분, 백년초

① 선인장   ② 장미
③ 제주도   ④ 해녀
⑤ 사막

✔**해설** 가시, 화분, 백년초를 통해 선인장을 연상할 수 있다.

4

> 밀가루, 제과점, 단팥

① 팥빙수   ② 국수
③ 냉면   ④ 죽
⑤ 빵

     ✔해설 밀가루, 제과점, 단팥을 통해 빵을 연상할 수 있다.

5

> 안전, 공무원, 총

① 경찰   ② 응급실
③ 안전모   ④ 구급차
⑤ 의사

     ✔해설 안전, 공무원, 총을 통해 경찰을 연상할 수 있다.

6

> 찬반, 선거, 표결

① 채용   ② 지우개
③ 투표   ④ 나트륨
⑤ 실업

     ✔해설 찬반, 선거, 표결을 통해 투표를 연상할 수 있다.

Answer   1.④   2.④   3.①   4.⑤   5.①   6.③

7

> 냉장고, 설거지, 식탁

① 핵가족　　　　　　　　② 어부
③ 과일　　　　　　　　　④ 부엌
⑤ 상점

> ✔해설 냉장고, 설거지, 식탁을 통해 부엌을 연상할 수 있다.

8

> 반지, 화환, 주례

① 환기시설　　　　　　　② 대중매체
③ 결혼식　　　　　　　　④ 추석
⑤ 미세먼지

> ✔해설 반지, 화환, 주례를 통해 결혼식을 연상할 수 있다.

9

> 가을, 달리기, 만국기

① 운동회　　　　　　　　② 불국사
③ 수능　　　　　　　　　④ 사생대회
⑤ 축구

> ✔해설 가을, 달리기, 만국기를 통해 운동회를 연상할 수 있다.

10

> 범죄, 법정, 거짓

① 간호사   ② 행정사
③ 변호사   ④ 관리인
⑤ 요리사

✔해설 범죄, 법정, 거짓을 통해 변호사를 연상할 수 있다.

┃11~30┃ 단어의 상관관계를 파악하고 ( ) 안에 알맞은 단어를 고르시오.

11

> 조율하다 : 음 = 조정하다 : ( )

① 노래   ② 혼합
③ 날씨   ④ 악기
⑤ 계획

✔해설 음을 표준음에 맞추어 고르는 것을 '조율한다'라고 하며, 계획을 어떤 기준이나 실정에 맞게 정돈하는 것을 '조정한다'고 한다.

12

> 차가운 : 빙하 = 깊은 : ( )

① 해륙   ② 해령
③ 해초   ④ 해안
⑤ 해저

✔해설 ① 바다와 육지
② 깊은 바다에 있는 길고 좁은 산맥 모양의 솟아오른 부분
③ 바다 속에서 나는 풀을 통틀어 이르는 말
④ 바다와 육지가 맞닿은 부분
⑤ 바다의 밑바닥

Answer 7.④ 8.③ 9.① 10.③ 11.⑤ 12.⑤

13

> 입원 : 퇴원 = (   ) : 해지

① 장비   ② 설치
③ 계약   ④ 취소
⑤ 위조

✔ 해설 입원과 퇴원은 서로 반의관계이다. 해지와 반의관계에 있는 단어를 찾으면 된다.
해지란 계약 당사자 한쪽의 의사표시에 의하여 계약에 기초한 법률관계를 말소하는 것이다. 그러므로
계약의 반의관계라 할 수 있다.

14

> 수리(修理) : 수선(修繕) = 질투하다 : (   )

① 쑥쓰러워하다   ② 붉어지다
③ 시기하다   ④ 벌어지다
⑤ 격투하다

✔ 해설 수리(修理)와 수선(修繕)은 고장나거나 허름한 데를 손보아 고치는 것을 뜻하는 유의관계이다. '질투하다'
와 '시기하다' 역시 유의관계이다.

15

> 전쟁 : 피난 = (   ) : 붕괴

① 지진   ② 예술
③ 서점   ④ 늦잠
⑤ 축제

✔ 해설 전쟁으로 피난이 일어나고, 지진으로 붕괴가 일어난다.

16

> 아버지 : 춘부장 = 어머니 : ( )

① 부친   ② 자당
③ 가친   ④ 가대인
⑤ 당신

> ✔해설 춘부장과 아버지는 유의관계이나 춘부장은 살아계신 타인의 아버지를 의미한다.
> ① 아버지를 높이는 말이다.
> ② 살아계신 타인의 어머니를 이르는 말이다.
> ③④ 살아계신 자신의 아버지를 이르는 말이다.
> ⑤ 상대편을 높여 이르는 말이다.

17

> 하차(下車) : 강차(降車) = 강요(強要) : ( )

① 조르다   ② 억지
③ 거짓말하다   ④ 치근대다
⑤ 씩씩하다

> ✔해설 '하차(下車)'와 '강차(降車)'는 '타고 있던 차에서 내림'을 뜻하는 동의관계이다. '강요(強要)'는 억지로 또는 강제로 요구하는 것을 뜻하는 단어로 억지와 동의관계이다.

18

> 자료 : 논문 = ( ) : 솜사탕

① 어린이   ② 놀이공원
③ 삐에로   ④ 설탕
⑤ 구름

> ✔해설 논문은 자료를 토대로 만들어지고, 솜사탕은 설탕으로 만들어진다.

19

책 : 위편삼절(韋編三絶) = 가을 : (   )

① 달랑거철(螳螂車轍)　　　② 주경야독(晝耕夜讀)
③ 유비무환(有備無患)　　　④ 삼고초려(三顧草廬)
⑤ 천고마비(天高馬肥)

✔ 해설 위에 제시된 관계는 각 단어와 그 단어와 관련된 사자성어를 나타낸 것이다. 가을과 관련된 사자성어는 천고마비이다.
※ 천고마비(天高馬肥) … 하늘이 맑아 높푸르게 보이고 온갖 곡식이 익는 가을철을 이르는 말

20

압박 : 자유 = 조잡 : (   )

① 복잡　　　　　　　② 정확
③ 정밀　　　　　　　④ 유창
⑤ 혼잡

✔ 해설 압박과 자유는 반의관계이다.
③ 가늘고 촘촘함 또는 자세하고 치밀함을 이르는 말이다.

21

무한 : 유한 = 적자 : (   )

① 흑자　　　　　　　② 무역
③ 손해　　　　　　　④ 교역
⑤ 보험

✔ 해설 무한과 유한은 반의관계이다.

22

실업 : 취업 = 입학 : (　　)

① 종료　　　　　　　　　② 수료

③ 종말　　　　　　　　　④ 졸업

⑤ 유예

✔해설 실업과 취업은 반의관계이다.

23

강감찬 : 귀주대첩 = 이성계 : (　　)

① 황산대첩　　　　　　　② 진포대첩

③ 홍산대첩　　　　　　　④ 관음포대첩

⑤ 청산리대첩

✔해설 제시된 단어들의 관계는 인물과 그 인물의 대표적인 업적을 짝지은 것이다. 강감찬은 귀주대첩에서 거란족에게 큰 승리를 거뒀고 이성계는 1380년 9월 황산대첩에서 왜구들을 크게 무찔렀다.

24

중국 : 베이징 = 네덜란드 : (　　)

① 스톡홀름　　　　　　　② 베를린

③ 바르샤바　　　　　　　④ 오슬로

⑤ 암스테르담

✔해설 위에 제시된 관계는 각 나라와 그 나라의 수도를 나타낸 것이다. 네덜란드의 수도는 암스테르담이다.

Answer　　19.⑤　20.③　21.①　22.④　23.①　24.⑤

25

남대문 : 례(禮) = 동대문 : (　　　)

① 인(仁)　　　　　　　　　② 의(義)
③ 례(禮)　　　　　　　　　④ 지(智)
⑤ 덕(德)

✔해설 위에 제시된 관계는 조선시대 대문과 그 문의 이름 속에 들어있는 사덕(四德)의 관계이다. 남대문의 또 다른 이름은 '숭례문(崇禮門)'으로 '례(禮)'가 들어간다.
※ 동대문 … 흥인지문(興仁之門)의 또 다른 이름으로 '인(仁)'이 들어간다.

26

통합 : 합병 = 애도 : (　　　)

① 애국　　　　　　　　　② 장애
③ 애상　　　　　　　　　④ 불만
⑤ 염도

✔해설 통합과 합병은 동의어 관계이며, 애도는 사람의 죽음을 슬퍼함을 의미한다.
③ 애상(哀傷)은 죽은 사람을 생각하며 마음이 상함을 의미한다.

27

분석 : 종합 = 용매 : (　　　)

① 용해　　　　　　　　　② 용출
③ 용합　　　　　　　　　④ 용질
⑤ 용액

✔해설 분석과 종합은 반의관계이며, 용매는 액체에 고체 또는 기체 물질을 녹여 용액을 만들었을 때 본디 액체를 말한다.
① 금속이 열에 녹아서 액체 상태로 되는 일을 이르는 말이다.
② 성분의 일부가 녹아 흘러나옴을 이르는 말이다.
③ 두 물질이 녹아서 한데 합쳐지거나 두 물질을 녹여서 한데 합침을 이르는 말이다.
④ 용액 중에 녹아 있는 물질 또는 액체에 다른 액체가 녹았을 때는 양이 적은 쪽을 이르는 말이다.

28

쌀 : 밥 : 물 = 동물 : 화석 : (　　)

① 비바람　　　　　　　　② 토양
③ 퇴적　　　　　　　　　④ 바위
⑤ 침식

✔해설 쌀이 밥이 되기 위해서는 구성성분으로써 물이 필요하고(쌀은 물을 흡수) 동물이 화석이 되기 위해서는 구성성분으로써 토양이 필요하다(토양은 화석의 틀이 됨).

29

고구려 : 소수림왕 = 백제 : (　　)

① 근초고왕　　　　　　　② 진지왕
③ 고이왕　　　　　　　　④ 유리왕
⑤ 침류왕

✔해설 제시된 단어들의 관계는 각 나라와 그 나라에서 불교가 수용되었을 때의 왕을 짝지은 것이다. 고구려는 소수림왕 때, 백제는 침류왕 때, 신라는 법흥왕 때 각각 불교를 나라의 종교로 공식 인정하였다.

30

선조 : 자손 = 정신 : (　　)

① 물질　　　　　　　　　② 영혼
③ 생각　　　　　　　　　④ 마음
⑤ 상념

✔해설 선조와 자손은 반의관계이고, 정신의 반의어는 물질이다.
② 육체와 구별되어, 육체에 머물면서 마음의 작용을 맡고 생명을 부여하고 있다고 여겨지는 비물질적 실체를 의미한다.

Answer　25.① 26.③ 27.④ 28.② 29.⑤ 30.①

▌31~40▐ 단어의 상관관계를 파악하여 ㉠과 ㉡에 들어갈 단어로 가장 적절한 것을 고르시오.

31

> 제망매가 : (㉠) = (㉡) : 고려가요

① ㉠ : 신라　㉡ : 백제 ② ㉠ : 가시리 ㉡ : 쌍화점

③ ㉠ : 향가　㉡ : 청산별곡 ④ ㉠ : 향가　㉡ : 어부사시사

⑤ ㉠ : 신라　㉡ : 어부가

✔해설 ③ 대표적인 작품과 장르의 관계이다. 향가는 신라 때부터 고려 초기까지 향찰로 표기된 시가이며, 향가의 대표적 작품은 제망매가와 서동요, 처용가 등이 있다. 고려가요의 대표작에는 쌍화점, 청산별곡, 가시리 등이 있다.

32

> (㉠) : 굼뜨다 = 손해 : (㉡)

① ㉠ : 촐싹대다 ㉡ : 보험 ② ㉠ : 튼튼하다 ㉡ : 이득

③ ㉠ : 무겁다　㉡ : 덕분 ④ ㉠ : 재빠르다 ㉡ : 이익

⑤ ㉠ : 가파르다 ㉡ : 타격

✔해설 '굼뜨다'는 '매우 느리다'는 뜻으로 '재빠르다'와 반의관계이다. '손해'는 '이익'과 반의관계가 된다.

33

> 갈무리 : (㉠) = 수채 : (㉡)

① ㉠ : 달무리 ㉡ : 구멍 ② ㉠ : 정돈　㉡ : 하수구

③ ㉠ : 마무리 ㉡ : 싱크대 ④ ㉠ : 청소　㉡ : 설거지

⑤ ㉠ : 정리　㉡ : 물감

✔해설 ② 갈무리란 물건 따위를 잘 정리하거나 간수함을 이르는 말로 정돈과 유의어 관계이고, 수채란 집 안에서 버린 물이 집 밖으로 흘러 나가도록 만든 시설을 이르는 말로 하수구와 유의어 관계이다.

34

영겁(永劫) : (㉠) = 괄시(恝視) : (㉡)

① ㉠ : 천겁(千劫) ㉡ : 홀대(忽待)

② ㉠ : 찰나(刹那) ㉡ : 괄대(恝待)

③ ㉠ : 영원 ㉡ : 순간

④ ㉠ : 긴 세월 ㉡ : 반갑게 맞음

⑤ ㉠ : 금세 ㉡ : 냉대(冷待)

✔해설 ① 영겁(永劫)은 영원한 세월을 뜻하며 유의어로 천겁(千劫)이 있다. 괄시(恝視)는 업신여겨 하찮게 대함을 의미하며 소홀히 대접함이라는 홀대(忽待)와 비슷하게 쓰인다. 보기를 살펴보면 유의관계를 찾는 문제이다.

35

수려하다 : (㉠) = (㉡) : 옹골차다

① ㉠ : 경이롭다 ㉡ : 성글다

② ㉠ : 화려하다 ㉡ : 찰지다

③ ㉠ : 준수하다 ㉡ : 다부지다

④ ㉠ : 빼어나다 ㉡ : 단단하다

⑤ ㉠ : 소박하다 ㉡ : 튼튼하다

✔해설 '수려하다'는 '빼어나게 아름답다'의 뜻으로 '준수하다'와 동의 관계이며, '옹골차다'는 '실속이 있게 속이 꽉 차 있다'는 뜻으로 '다부지다'와 동의 관계이다.

36

한약 : (㉠) = (㉡) : 필

① ㉠ : 두름 ㉡ : 바늘　　　　② ㉠ : 쌈　㉡ : 생선

③ ㉠ : 첩　㉡ : 명주　　　　④ ㉠ : 손　㉡ : 연필

⑤ ㉠ : 접　㉡ : 북어

✔ 해설 사물과 그를 세는 단위를 연결한 것이다.
㉠ 첩 : 약봉지에 싼 약의 뭉치를 세는 단위
㉡ 필 : 일정한 길이로 말아 놓은 피륙을 세는 단위

> 🌟 **Plus tip**
> **단위**
> ㉠ 톳 : 김(한 톳 = 김 100장)
> ㉡ 쌈 : 바늘(한 쌈 = 바늘 스물네 개)
> ㉢ 쾌 : 북어(한 쾌 = 북어 스무 마리)
> ㉣ 축 : 오징어(한 축 = 오징어 스무 마리)
> ㉤ 접 : 채소나 과일(한 접 = 채소 또는 과일 백 개)
> ㉥ 두름 : 조기(한 두름 = 열 마리)
> ㉦ 접 : 채소나 과일 따위를 묶어 세는 단위(한 접 = 채소나 과일 100개)

37

문경지교(刎頸之交) = (㉠) = (㉡)

① ㉠ : 금란지계(金蘭之契) ㉡ : 일어탁수(一魚濁水)

② ㉠ : 조명시리(朝名市利) ㉡ : 설상가상(雪上加霜)

③ ㉠ : 타산지석(他山之石) ㉡ : 역지사지(易地思之)

④ ㉠ : 막역지우(莫逆之友) ㉡ : 간담상조(肝膽相照)

⑤ ㉠ : 조삼모사(朝三暮四) ㉡ : 죽마고우(竹馬故友)

✔ 해설 문경지교(刎頸之交) … 서로 죽음을 함께 할 수 있는 막역한 사이를 이르는 말
④ ㉠ : 서로 거스르지 않는 친구라는 뜻으로, 아무 허물없이 친한 친구를 가리키는 말
㉡ : 서로가 마음속을 툭 털어놓고 숨김없이 친하게 사귄다는 뜻
① ㉠ : 친구 사이의 매우 두터운 정을 이르는 말
㉡ : 한 사람의 잘못으로 여러 사람이 피해를 입게 됨을 이르는 말
② ㉠ : 무슨 일이든 알맞은 곳에서 하여야 함을 이르는 말
㉡ : 난처한 일이나 불행한 일이 잇따라 일어남을 이르는 말
③ ㉠ : 본이 되지 않은 남의 말이나 행동도 자신의 지식과 인격을 수양하는 데에 도움이 될 수 있음을
비적으로 이르는 말
㉡ : 처지를 바꾸어서 생각하여 봄
⑤ ㉠ : 당장 눈앞에 나타나는 차별만을 알고 결과가 같음을 모름을 비유하는 말
㉡ : 어릴 때부터 가까이 지내며 자란 친구를 이르는 말

38

(㉠) : 자 = 감투할미 : (㉡)

① ㉠ : 청홍각시　㉡ : 바늘　　　② ㉠ : 세요각시　㉡ : 실

③ ㉠ : 척부인　　㉡ : 골무　　　④ ㉠ : 인화낭자　㉡ : 다리미

⑤ ㉠ : 울낭자　　㉡ : 인두

> **✔해설** 규중칠우쟁론기에서 나오는 규중칠우, 즉 바느질에 쓰이는 도구인 척부인(자), 교두각시(가위), 세요각시(바늘), 청홍각시(실), 감투할미(골무), 인화낭자(인두), 울낭자(다리미)를 연결한 것이다.

39

은혜 : (㉠) = 곤란 : (㉡)

① ㉠ : 원수　㉡ : 곤경　　　② ㉠ : 축복　㉡ : 공갈

③ ㉠ : 복수　㉡ : 단순　　　④ ㉠ : 사랑　㉡ : 고충

⑤ ㉠ : 원한　㉡ : 용이

> **✔해설** '고맙게 베풀어 주는 신세나 혜택'을 뜻하는 '은혜'의 반의어는 '억울하고 원통한 일을 당하여 응어리진 마음'을 뜻하는 '원한'이다. '사정이 몹시 딱하고 어려움'을 뜻하는 '곤란'의 반의어는 '어렵지 아니하고 매우 쉬움'을 뜻하는 '용이'이다.

40

명태 : (㉠) = (㉡) : 개호주

① ㉠ : 동태　㉡ : 망아지　　　② ㉠ : 간자미　㉡ : 강아지

③ ㉠ : 노가리　㉡ : 호랑이　　　④ ㉠ : 무녀리　㉡ : 부룩소

⑤ ㉠ : 생태　㉡ : 원숭이

> **✔해설** 물고기나 짐승의 이름과 그 새끼의 이름이다.

> ☆ Plus tip
>
> **명태의 다양한 이름**
>
> 명태는 가공방법, 포획방법 등에 따라 다양한 이름으로 불린다.
> 얼리지 않은 것을 생태, 말려서 수분이 말끔히 빠진 것을 북어, 반쯤 말린 것을 코다리, 겨울철에 잡아 얼린 것을 동태라고 부르며 산란기 중에 잡은 명태를 얼리고 말리는 과정을 반복해 가공한 것을 황태라고 부른다. 또한 명태의 새끼를 노가리라고 하며, 명란젓을 만들 때는 명태의 알을 사용한다.

PART

03

사무패턴 C

사무지각

CHAPTER
01

▌1~2 ▌ 다음 왼쪽과 오른쪽 문자, 숫자의 대응을 참고하여 각 문제의 대응이 같으면 '① 맞음'을, 틀리면 '②
틀림'을 선택하시오.

1=강	2=층	3=날	4=라	5=닞	6=찬
7=빙	8=댄	9=민	10=쟁	11=핀	12=홍

1

층 홍 라 닞 핀 – 2 12 4 5 11

① 맞음   ② 틀림

✔ **해설** 2=층, 12=홍, 4=라, 5=닞, 11=핀

2

댄 날 찬 빙 쟁 – 8 3 6 7 10

① 맞음   ② 틀림

✔ **해설** 8=댄, 3=날, 6=찬, 7=빙, 10=쟁

|3~5| 다음 중 나머지와 규칙이 다른 하나를 고르시오.

3 ① A B F G ② ① ② ⑥ ⑦
③ ⓐ ⓑ ⓕ ⓖ ④ 빨 주 남 보
⑤ 강 낭 망 방

> ✔해설 ⑤ '강 낭 방 상'이 되어야 동일한 규칙이 된다.

A	B	C	D	E	F	G
①	②	③	④	⑤	⑥	⑦
ⓐ	ⓑ	ⓒ	ⓓ	ⓔ	ⓕ	ⓖ
빨	주	노	초	파	남	보
강	낭	당	랑	망	방	상

4 ① 월 화 수 목 ② (2) (3) (4) (5)
③ ㉯ ㉰ ㉱ ㉲ ④ 빨 주 노 초
⑤ b c d e

> ✔해설 ④ '주 노 초 파'가 되어야 동일한 규칙이 된다.

일	월	화	수	목	금	토
(1)	(2)	(3)	(4)	(5)	(6)	(7)
㉮	㉯	㉰	㉱	㉲	㉳	㉴
빨	주	노	초	파	남	보
a	b	c	d	e	f	g

5 ① A B F G ② I Ⅱ Ⅴ Ⅶ
③ ㉮ ㉯ ㉳ ㉴ ④ 1 2 6 7
⑤ 빨 주 남 보

> ✔해설 ② 'I Ⅱ Ⅵ Ⅶ'가 되어야 동일한 규칙이 된다.

A	B	C	D	E	F	G
I	Ⅱ	Ⅲ	Ⅳ	Ⅴ	Ⅵ	Ⅶ
㉮	㉯	㉰	㉱	㉲	㉳	㉴
1	2	3	4	5	6	7
빨	주	노	초	파	남	보

Answer 1.① 2.① 3.⑤ 4.④ 5.②

▌6~8▐ 다음 제시된 문자가 반복되는 개수를 고르시오

괴물	과자	고기	고물	고장	고집	괴수	괴력	과로
꽈자	괴상	미루	곽상	과즙	거성	거소	겨를	겨우
미로	겨자	가장	거장	국자	미로	국수	미소	미루
라면	과집	고집	과집	곡상	과장	미류	미로	비록
숫자	미로	고징	파릅	쐬상	비부	마루	이유	미류
비록	미소	과즙	미륵	과장	바로	바비	옥상	과즙
국수	비로	미로	과장	고집	미조	비로	과징	바로
국면	국장	비수	비주	옷장	미소	국수	미루	미르

6

고집

① 2개   ② 3개

③ 4개   ④ 5개

⑤ 6개

✔**해설**

괴물	과자	고기	고물	고장	**고집**	괴수	괴력	과로
꽈자	괴상	미루	곽상	과즙	거성	거소	겨를	겨우
미로	겨자	가장	거장	국자	미로	국수	미소	미루
라면	과집	**고집**	과집	곡상	과장	미류	미로	비록
숫자	미로	고징	과즙	괴상	비루	마루	이유	미류
비록	미소	과즙	미륵	과장	바로	바비	옥상	과즙
국수	비로	미로	과장	**고집**	미조	비로	과징	바로
국면	국장	비수	비주	옷장	미소	국수	미루	미르

7

미로

① 2개   ② 3개

③ 4개   ④ 5개

⑤ 6개

✔**해설**

괴물	과자	고기	고물	고장	고집	괴수	괴력	과로
꽈자	괴상	미루	곽상	과즙	거성	거소	겨를	겨우
미로	겨자	가장	거장	국자	**미로**	국수	미소	미루
라면	과집	고집	과집	곡상	과장	미류	**미로**	비록
숫자	**미로**	고징	과즙	괴상	비루	마루	이유	미류
비록	미소	과즙	미륵	과장	바로	바비	옥상	과즙
국수	비로	**미로**	과장	고집	미조	비로	과징	바로
국면	국장	비수	비주	옷장	미소	국수	미루	미르

8

과즙

① 2개 　　② 3개 　　③ 4개 　　④ 5개 　　⑤ 6개

✔해설

괴물	과자	고기	고물	고장	고집	괴수	괴력	과로
꽈자	괴상	미루	꽉상	**과즙**	거성	거소	겨를	겨우
미로	겨자	가장	거장	국자	미로	국수	미소	미루
라면	과집	고집	과집	곡상	과장	미류	미로	비록
숫자	미로	고징	**과즙**	괴상	비루	마루	이유	미류
비록	미소	**과즙**	미륵	과장	바로	바비	옥상	**과즙**
국수	비로	미로	과장	고집	미조	비로	과징	바로
국면	국장	비수	비주	옷장	미소	국수	미루	미르

┃9~10┃ 다음 중 각 문제에서 제시된 기호와 같은 기호의 개수를 고르시오.

Γ *Δ* *E* *v̆* *Z* *Θ* *Λ* *τ*
Ξ *φ* *Π* *ö* *ы* *Σ* *Φ* *Ψ*
γ *δ* *ζ* *η* *λ* *ξ* *v̆* *Ω*
π *ω* *ф* *ҕ* *Δ* *μ* *ÿ* *Δ*
τ *б* *д* *ё* *ж* *й* *ф* *ъ*
φ *v̆* *ђ* *Λ* *Ж* *ф* *Θ* *ю*
x *ӟ* *Θ* *ζ* *τ* *ҥ* *τ* *ѣ*
ψ *ҥ* *ń* *Θ* *й* *ф* *ы* *v̆*

9

v̆

① 1개 　　② 2개 　　③ 3개 　　④ 4개 　　⑤ 없다.

✔해설

Γ	*Δ*	*E*	**v̆**	*Z*	*Θ*	*Λ*	*τ*
Ξ	*φ*	*Π*	*ö*	*ы*	*Σ*	*Φ*	*Ψ*
γ	*δ*	*ζ*	*η*	*λ*	*ξ*	**v̆**	*Ω*
π	*ω*	*ф*	*ҕ*	*Δ*	*μ*	*ÿ*	*Δ*
τ	*б*	*д*	*ё*	*ж*	*й*	*ф*	*ъ*
φ	**v̆**	*ђ*	*Λ*	*Ж*	*ф*	*Θ*	*ю*
x	*ӟ*	*Θ*	*ζ*	*τ*	*ҥ*	*τ*	*ѣ*
ψ	*ҥ*	*ń*	*Θ*	*й*	*ф*	*ы*	**v̆**

6.② 7.④ 8.③ 9.④

10

$$\zeta$$

① 1개   ② 2개
③ 3개   ④ 4개
⑤ 없다.

11~15 다음 중 반복되는 개수에 해당하는 문자를 고르시오.

양	약	양	얀
얀	얕	얌	양
얌	양	얕	얌
약	얀	약	얀
양	약	양	약

11

6개

① 양   ② 얀
③ 약   ④ 얌
⑤ 얕

12

5개

① 얌 ② 얀
③ 약 ④ 양
⑤ 얕

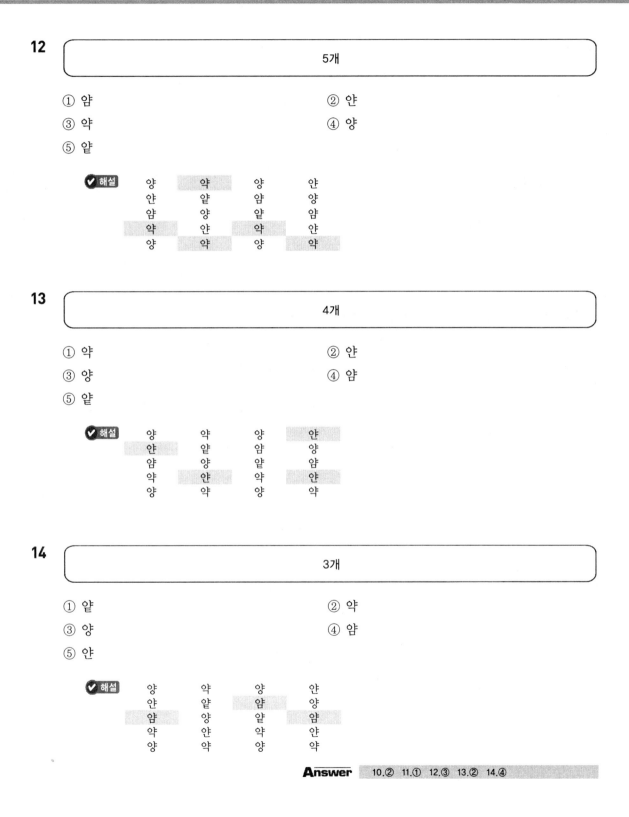

✔해설

```
양    약    양    얀
얀    얕    얌    얀
얌    양    얕    얌
약    얀    약    얀
양    약    양    약
```

13

4개

① 약 ② 얀
③ 양 ④ 얌
⑤ 얕

✔해설

```
양    약    양    얀
얀    얕    얌    얀
얌    양    얕    얌
약    얀    약    얀
양    약    양    약
```

14

3개

① 얕 ② 약
③ 양 ④ 얌
⑤ 얀

✔해설

```
양    약    양    얀
얀    얕    얌    양
얌    양    얕    얌
약    얀    약    얀
양    약    양    약
```

Answer   10.② 11.① 12.③ 13.② 14.④

15

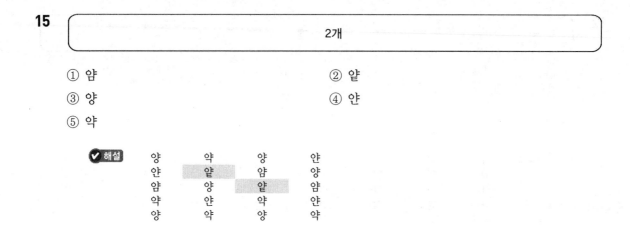

2개		

① 얌   ② 얕

③ 양   ④ 얃

⑤ 약

✔ 해설
양	약	양	얃
얃	**얕**	얌	양
얌	양	**얕**	얌
약	얃	약	얃
양	약	양	약

▌16~18 ▌ 다음 표를 보고 제시되지 않은 단어를 고르시오.

수영	수정	수도	수원	수산
수삼	수들	수울	수영	수가
수와	수서	수완	수만	수얼
수평	수질	수풀	수번	수맙
수화	수석	수먹	수덩	수돌

16 ① 수산   ② 수와

③ 수번   ④ 수도

⑤ 수사

✔ 해설
수영	수정	**수도**	수원	**수산**
수삼	수들	수울	수영	수가
수와	수서	수완	수만	수얼
수평	수질	수풀	**수번**	수맙
수화	수석	수먹	수덩	수돌

17 ① 수영　　　　　　　　　　　② 수들
　　　③ 수편　　　　　　　　　　　④ 수질
　　　⑤ 수얼

✔ 해설

수영	수정	수도	수원	수산
수삼	수들	수울	수영	수가
수와	수서	수완	수만	수얼
수평	수질	수풀	수번	수맙
수화	수석	수먹	수덩	수돌

18 ① 수가　　　　　　　　　　　② 수말
　　　③ 수화　　　　　　　　　　　④ 수돌
　　　⑤ 수번

✔ 해설

수영	수정	수도	수원	수산
수삼	수들	수울	수영	수가
수와	수서	수완	수만	수얼
수평	수질	수풀	수번	수맙
수화	수석	수먹	수덩	수돌

家	價	可	可	假	假	歌	街
伽	暇	佳	架	嘉	苛	呵	哥
多	茶	自	子	者	字	孜	恣
求	九	苦	故	古	毛	母	祖
馬	麻	口	不	乂	大	火	乂
壹	溢	一	日	利	理	二	李
社	事	思	史	使	四	士	死
亞	兒	阿	牙	雅	我	乎	鳥

19 ① 求 ② 理
③ 恣 ④ 秀
⑤ 雅

✔해설

家	價	可	可	假	假	歌	街
伽	暇	佳	架	嘉	苛	呵	哥
多	茶	自	子	者	字	孜	**恣**
求	九	苦	故	古	毛	母	祖
馬	麻	口	不	父	夫	次	乂
壹	溢	一	日	利	**理**	二	李
社	事	思	史	使	四	士	死
亞	兒	阿	牙	**雅**	我	乎	鳥

20 ① 思 ② 字
③ 金 ④ 鳥
⑤ 茶

✔해설

家	價	可	可	假	假	歌	街
伽	暇	佳	架	嘉	苛	呵	哥
多	**茶**	自	子	者	**字**	孜	恣
求	九	苦	故	古	毛	母	祖
馬	麻	口	不	父	夫	次	乂
壹	溢	一	日	利	理	二	李
社	事	**思**	史	使	四	士	死
亞	兒	阿	牙	雅	我	乎	**鳥**

|21~25| 다음 표를 보고 제시된 문자 중 가장 많이 반복된 문자를 고르시오.

21

◁	▷	▶	♤	◀

① ◁   ② ▷

③ ▶   ④ ♤

⑤ ◀

✔해설 ◁(4개), ▷(2개), ▶(2개), ♤(2개), ◀(3개)

22

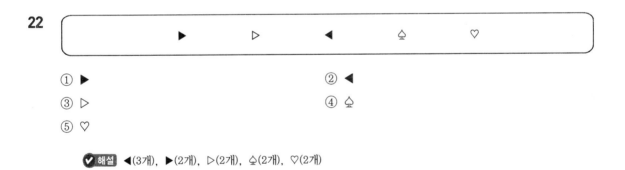

① ▶   ② ◀

③ ▷   ④ ♤

⑤ ♡

✔해설 ◀(3개), ▶(2개), ▷(2개), ♤(2개), ♡(2개)

23

♠	▷	♤	◎	♧

① ▷   ② ♤

③ ♠   ④ ♡

⑤ ♧

✔ 해설   ♠(3개), ▷(2개), ♤(2개), ◎(1개), ♧(1개)

24

♧	♣	▶	◉	◎

① ◉   ② ♧

③ ◎   ④ ♣

⑤ ▶

✔ 해설   ▶(2개), ◉(1개), ♧(1개), ♣(1개), ◎(1개)

25

♤	♡	♥	♠	▷

① ♤, ♡   ② ♡, ♠

③ ♥, ♤   ④ ♥, ♠

⑤ ♡, ▷

✔ 해설   ♥(3개), ♠(3개), ♤(2개), ♡(2개), ▷(2개)

┃26~30┃ 다음 제시된 문자열과 같은 것을 고르시오.

26

> 직업기초능력평가

① 직업기조능력평가

② 직업기초능럭평가

③ 직업기초능력펑가

④ 직업기초능력평가

⑤ 직엽기초능력평가

> ✔ 해설 ① 직업기**조**능력평가
> ② 직업기초능**럭**평가
> ③ 직업기초능력**펑**가
> ⑤ 직**엽**기초능력평가

27

> 액상철분보충용제품

① 액샹철분보충용제품

② 액상철분보총용제품

③ 액상철본보충용제품

④ 액상철분뵤충용제품

⑤ 액상철분보충용제품

> ✔ 해설 ① 액**샹**철분보충용제품
> ② 액상철분보**총**용제품
> ③ 액상철**본**보충용제품
> ④ 액상철분**뵤**충용제품

28

3479703322232

① 3479703323232　　　　　② 3479703322232
③ 3479703322222　　　　　④ 3479730322232
⑤ 3479703232232

✔ 해설　① 3479703323232
　　　　③ 3479703322222
　　　　④ 3479730322232
　　　　⑤ 3479703232232

29

アカサタナバマライキシ

① アカサタナバマタイキシ　　　　② アカサタナサマライキシ
③ アカサタナバマライキシ　　　　④ アマサタナバマライキシ
⑤ アカサタナバママイキシ

✔ 해설　① アカサタナバマタイキシ
　　　　② アカサタナサマライキシ
　　　　④ アマサタナバマライキシ
　　　　⑤ アカサタナバママイキシ

30

ONETWOTHREE

① ONETWOTHREE　　　　　② ONETVOTHREE
③ ONETWOTHRFE　　　　　④ ONETWOTLREE
⑤ ONETWDTHREE

✔ 해설　② ONETVOTHREE
　　　　③ ONETWOTHRFE
　　　　④ ONETWOTLREE
　　　　⑤ ONETWDTHREE

┃31~35┃ 다음 제시된 문자열과 다른 것을 고르시오.

31

> 나랏말싸미듕귁에달아

① 나랏말싸미듕귁에달아　　　　② 나랏말싸미듕귁에달아
③ 나랏말싸미듕귁에달아　　　　④ 나랏말싸미듕귁에달아
⑤ 나랏말싸미듕귁에달아

　✔해설　② 나랏말싸미**듕**귁에달아

32

> 치졸한협작꾼같은사람

① 치졸한협작꾼같은사람　　　　② 치졸한협착꾼같은사람
③ 치졸한협작꾼같은사람　　　　④ 치졸한협작꾼같은사람
⑤ 치졸한협작꾼같은사람

　✔해설　② 치졸한협**착**꾼같은사람

33

> 공무원기출문제집

① 공무원기출문제집　　　　② 공무원기출문제집
③ 공무원기줄문제집　　　　④ 공무원기출문제집
⑤ 공무원기출문제집

　✔해설　③ 공무원기**줄**문제집

34

| 154684532184648 |

① 154684532184648

② 154684582184648

③ 154684532184648

④ 154684532184648

⑤ 154684532184648

✔해설 ② 154684**58**2184648

35

| 서원각홈페이지무료강의 |

① 서원각홈페이지무료강의

② 서원각홈페이지무료강의

③ 서원각홈페이지무료강의

④ 서원각홈페이지무료강의

⑤ 서원각홈패이지무료강의

✔해설 ⑤ 서원각홈**패**이지무료강의

┃36~40┃ 다음에서 왼쪽에 표시된 문자를 오른쪽에서 찾아 개수를 구하시오.

36

| ↦ | ←↞┼↠↣↦↣↦↪↟↣↟↝↟↗↟↠↢↦↠ |

① 1
② 2
③ 3
④ 4
⑤ 5

✔해설 ←↞┼↠↣↦↣↦↪↟↣↟↝↟↗↟↠↢↦↠

37

| # | !@#$%#&₩+#×℃⇨#※ |

① 1
② 2
③ 3
④ 4
⑤ 5

✔해설 !@#$%#&₩+#×℃⇨#※

38

| 9 | 3536218202883291234 |

① 1
② 2
③ 3
④ 4
⑤ 5

✔해설 3536218202883**29**1234

39

> o   Sing song when I'm walking home Jump up to the top LeBron

① 1   ② 2

③ 3   ④ 4

⑤ 5

✔ 해설 Sing s**o**ng when I'm walking h**o**me Jump up t**o** the t**o**p LeBr**o**n

40

> ⊂   ⊃⊃∩⊃∩∪⊂∩⊃∩∪∩⊃⊂∪⊃∩

① 1   ② 2

③ 3   ④ 4

⑤ 5

✔ 해설 ⊃⊃∩⊃∩∪**⊂**∩⊃∩∪∩⊃**⊂**∪⊃∩

CHAPTER

02 도해추론

▎1~2 ▎ 2개의 회전판이 서로 포개어 겹쳐져 붙어 있다. 정해진 문자에 해당하는 조각의 그림 모양을 고르시오. (단, 회전판과 함께 문자도 함께 돌아간다)

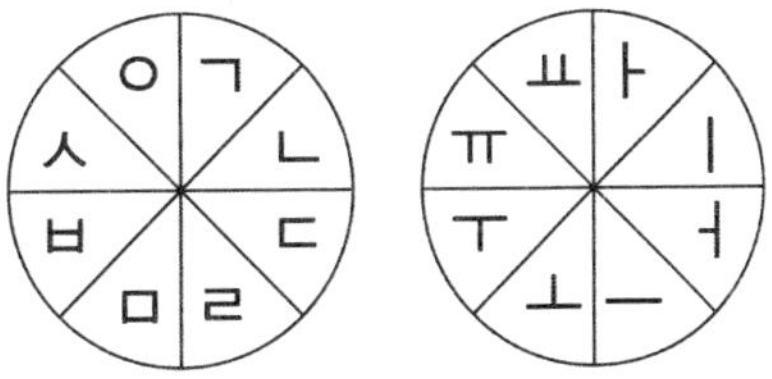

1 왼쪽 회전판은 시계 방향으로 135˚, 오른쪽 회전판은 반시계 방향으로 225˚ 회전시켰을 때 왼쪽 회전판의 원래 ㄷ의 위치에 해당하는 모양은?

① 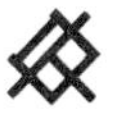

② 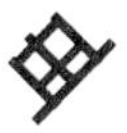

③ 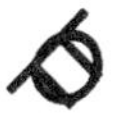

④ 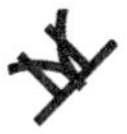

⑤ 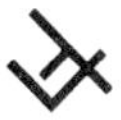

✔ 해설

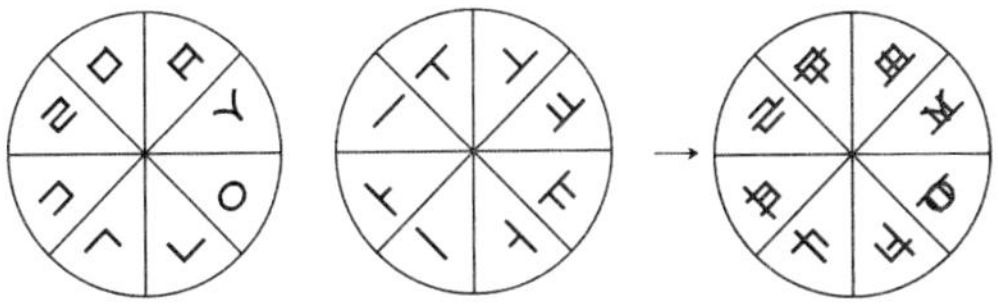

Answer 39.⑤ 40.② / 1.③

2 왼쪽 회전판은 반시계 방향으로 90°, 오른쪽 회전판은 시계 방향으로 90° 회전시켰을 때 오른쪽 회전판 본래의 ㅜ의 위치에 해당하는 모양은?

① 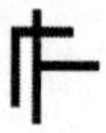

② 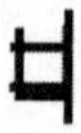

③ 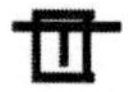

④ 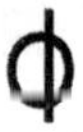

⑤ 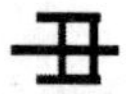

✔ 해설

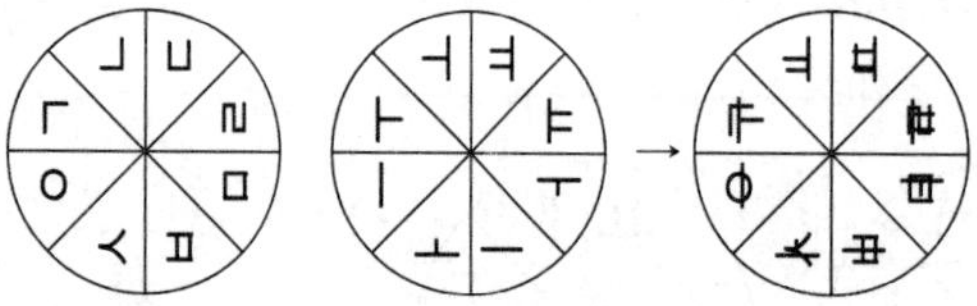

다음 제시된 그림과 다른 것을 고르시오.

3

① 　　　②

③ 　　　④

⑤

✔해설 ② 그림을 보기와 같은 위치로 돌려보면 오른쪽과 같은 모양이 된다. 화살표의 방향이 서로 바뀌었다는 것을 알 수 있다.

① 보기의 그림과 일치한다.
③ 보기의 그림을 오른쪽으로 90°회전시킨 모양이다.
④ 보기의 그림을 왼쪽으로 90°회전시킨 모양이다.
⑤ 보기의 그림을 180°회전시킨 모양이다.

Answer　2.④　3.②

4

①

②

③

④

⑤

✔해설 ④ 동그라미의 색칠된 부분의 색이 다르다.

① 보기의 그림을 왼쪽으로 90° 회전시킨 모양이다.
② 보기의 그림을 180° 회전시킨 모양이다.
③ 보기의 그림을 오른쪽으로 90° 회전시킨 모양이다.
⑤ 보기의 그림과 일치한다.

5

①

②

③

④

⑤

✔해설 ③ 그림을 보기와 같은 위치로 돌려보면 오른쪽과 같은 모양이 된다. 왼쪽 아래 네모의 색이 다른 위치
에 들어가 있는 것을 알 수 있다.

① 보기의 그림을 오른쪽으로 90° 회전시킨 모양이다.
② 보기의 그림을 180° 회전시킨 모양이다.
④ 보기의 그림을 왼쪽으로 90° 회전시킨 모양이다.
⑤ 보기의 그림과 일치한다.

6

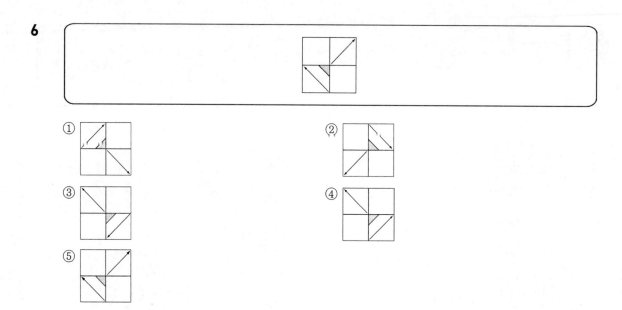

④ 그림을 보기와 같은 위치로 돌려보면 오른쪽과 같은 모양이 된다. 왼쪽 아래 화살표의 방향이 다른 것을 알 수 있다.

① 보기의 그림을 오른쪽으로 90° 회전시킨 모양이다.
② 보기의 그림을 180° 회전시킨 모양이다.
③ 보기의 그림을 왼쪽으로 90° 회전시킨 모양이다.
⑤ 보기의 그림과 일치한다.

|7~9| 다음 중 제시된 도형과 같은 도형을 찾으시오.

7

① ② ③ ④ ⑤

✔해설 ④ 제시된 그림을 시계 방향으로 90° 회전시킨 것이다.

8

① ② ③ ④ ⑤

✔해설 ② 제시된 그림을 시계 방향으로 180° 회전시킨 것이다.

Answer   6.④   7.④   8.②

9

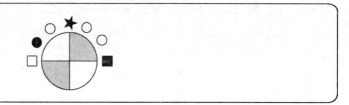

①

②

③

④

⑤

✔해설 제시된 그림을 반시계방향으로 90° 회전시킨 것이다.

┃10~15┃ 다음에 제시된 정사각형들은 한 부분은 단독으로 회전이 가능하고, 나머지 세 부분은 고정되어 있다. 이 정사각형들을 자유롭게 결합해 큰 정사각형 하나로 만든다고 할 때, 나올 수 없는 것을 고르시오. (단, 제시된 정사각형들은 결합 시 회전시킬 수 있다)

10

① ② ③ ④ ⑤

✔해설 ① 제시된 네 개의 정사각형을 왼쪽부터 1, 2, 3, 4라고 할 때, 2번 정사각형의 2, 3사분면이 둘 다 회전하였다.

② 1번 정사각형이 180° 회전하여 결합하였으며, 1번 정사각형의 2사분면, 2번 정사각형의 4사분면, 3번 정사각형의 1사분면이 회전하였다.

③ 2번 정사각형은 시계방향으로 90°, 3번 정사각형은 반시계방향으로 90°, 4번 정사각형은 180° 회전하여 결합하였다.

④ 1, 2, 3번 정사각형의 4사분면이 회전하였다.

⑤ 3번 정사각형이 반시계방향으로 90° 회전하여 결합하였으며, 1번 정사각형의 1사분면, 2번 정사각형의 4사분면, 4번 정사각형의 4사분면이 회전하였다.

Answer　9.①　10.①

11

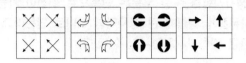

① ② ③ ④ ⑤

✔해설 ② 제시된 네 개의 정사각형을 왼쪽부터 1, 2, 3, 4라고 할 때, 2, 3, 4번 정사각형이 시계방향으로 90°
　　회전하여 결합하였다. 단, 3번 정사각형의 3, 4사분면이 둘 다 회전하였다.

① 1, 2번 정사각형이 반시계방향으로 90° 회전하여 결합하였으며, 2번 정사각형은 1사분면, 3번 정사
　각형은 3사분면, 4번 정사각형은 2사분면이 회전하였다.

③ 1번 정사각형은 180°, 4번 정사각형은 시계방향으로 90° 회전하여 결합하였으며, 2, 4번 정사각형의
　2사분면이 회전하였다.

④ 1, 2, 3, 4번 정사각형 모두 시계방향으로 90° 회전하여 결합하였다.

⑤ 1, 2, 3, 4번 정사각형 모두 반시계방향으로 90° 회전하여 결합하였으며, 2번 정사각형의 1사분면,
　3번 정사각형의 4사분면이 회전하였다.

12

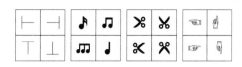

①
♩	ᵐ	✂	✂
✌	✌	✂	✂
☝	☝	⊤	⊥
☜	☝	⊢	⊣

②
☜	☝	⊤	⊣
☝	☝	⊥	⊢
✂	✂	♩	ᵐ
✂	✂	✌	✌

③
✂	✂	♪	♫
✂	✂	♫	♩
⊤	⊣	☝	☝
⊥	⊢	☜	☜

④
♩	ᵐ	☝	☜
✌	✌	☝	☜
⊤	⊥	✂	✂
⊢	⊣	✂	✂

⑤
⊤	⊥	✂	✂
⊢	⊣	✂	✂
♩	ᵐ	☝	☜
♫	✌	☝	☜

✔해설 ③ 제시된 네 개의 정사각형을 왼쪽부터 1, 2, 3, 4라고 할 때, 1번 정사각형은 반시계방향으로 90°, 4번 정사각형은 시계방향으로 90° 회전하여 결합하였다. 단, 3번 정사각형의 2, 3사분면이 둘 다 회전하였다.

① 1, 2번 정사각형은 180°, 4번 정사각형은 시계방향으로 90° 회전하여 결합하였으며, 2번 정사각형의 2사분면, 3번 정사각형의 3사분면, 4번 정사각형의 4사분면이 회전하였다.

② 1번 정사각형은 반시계방향으로 90°, 2, 3번 정사각형은 180° 회전하여 결합하였으며, 4번 정사각형의 3사분면이 회전하였다.

④ 1, 2, 3, 4번 정사각형 모두 180° 회전하여 결합하였다.

⑤ 1, 2, 3, 4번 정사각형 모두 180° 회전하여 결합하였으며, 2번 정사각형의 3사분면, 3번 정사각형의 2사분면이 회전하였다.

Answer   11.② 12.③

13

①

②

③

④

⑤

✔해설 ③ 제시된 네 개의 정사각형을 왼쪽부터 1, 2, 3, 4라고 할 때, 2, 3번 정사각형이 시계방향으로 90°
회전하여 결합하였다. 단, 3번 정사각형의 3, 4사분면이 둘 다 회전하였다.

① 1, 2번 정사각형이 반시계방향으로 90° 회전하여 결합하였으며, 2번 정사각형은 1사분면, 3번 정사
각형은 3사분면, 4번 정사각형은 2사분면이 회전하였다.

② 1번 정사각형이 180° 회전하여 결합하였으며, 2, 4번 정사각형의 2사분면이 회전하였다.

④ 1, 2, 3번 정사각형이 시계방향으로 90° 회전하여 결합하였다.

⑤ 1, 2, 3번 정사각형이 반시계방향으로 90° 회전하여 결합하였으며, 2번 정사각형의 1사분면, 3번 정
사각형의 4사분면이 회전하였다.

14

① 제시된 네 개의 정사각형을 왼쪽부터 1, 2, 3, 4라고 할 때, 2번 정사각형은 시계방향으로 90°, 3번 정사각형은 반시계방향으로 90° 회전하여 결합하였다. 단, 4번 정사각형의 1사분면과 3사분면의 모양이 바뀌었다.

② 1번 정사각형은 시계방향으로 90°, 2번 정사각형은 180° 회전하여 결합하였으며, 3번 정사각형의 2사분면, 4번 정사각형의 4사분면이 회전하였다.

③ 1, 2, 3, 4번 정사각형이 반시계방향으로 90° 회전하여 결합하였다.

④ 1번 정사각형의 1사분면, 3번 정사각형의 4사분면, 4번 정사각형의 3사분면이 회전하였다.

⑤ 1, 2, 3, 4번 정사각형이 180° 회전하여 결합하였다.

15

①
②
③
④
⑤

✔ 해설 ② 제시된 네 개의 정사각형을 왼쪽부터 1, 2, 3, 4라고 할 때, 1, 2, 3, 4번 정사각형 모두 반시계방향
으로 90° 회전하여 결합하였다. 단, 2번 정사각형의 1사분면과 4사분면이 둘 다 회전하였다.

① 1번 정사각형의 4사분면, 2번 정사각형의 2사분면, 3번 정사각형의 3사분면, 4번 정사각형의 1사분
면이 회전하였다.

③ 1번 정사각형은 반시계방향으로 90°, 4번 정사각형은 시계방향으로 90° 회전하여 결합하였으며, 2,
3번 정사각형의 1사분면이 회전하였다.

④ 2번 정사각형이 180° 회전하여 결합하였으며, 3번 정사각형의 3사분면이 회전하였다.

⑤ 회전 없이 모두 그대로 결합하였다.

┃16~20┃ 다음 제시된 그림을 순서대로 연결하시오.

16

① ㉠ － ㉢ － ㉣ － ㉡
② ㉠ － ㉣ － ㉡ － ㉢
③ ㉡ － ㉠ － ㉣ － ㉢
④ ㉢ － ㉠ － ㉡ － ㉣
⑤ ㉢ － ㉡ － ㉣ － ㉠

✔해설 동상과 사람의 잘려진 단면을 고려하여 연결한다.

17

① ㉠ – ㉣ – ㉡ – ㉢

② ㉡ – ㉢ – ㉠ – ㉣

③ ㉢ – ㉠ – ㉣ – ㉡

④ ㉣ – ㉢ – ㉠ – ㉡

⑤ ㉣ – ㉠ – ㉡ – ㉢

✔해설 물결치는 피아노 건반을 고려하여 연결한다.

18

① ㉠ - ㉡ - ㉢ - ㉣
② ㉠ - ㉢ - ㉡ - ㉣
③ ㉠ - ㉣ - ㉢ - ㉡
④ ㉣ - ㉢ - ㉠ - ㉡
⑤ ㉣ - ㉠ - ㉢ - ㉡

✔ 해설 사람과 잎사귀의 단면을 고려하여 연결한다.

19

① ㉠ - ㉢ - ㉡ - ㉣

② ㉡ - ㉢ - ㉠ - ㉣

③ ㉡ - ㉣ - ㉠ - ㉢

④ ㉢ - ㉠ - ㉡ - ㉣

⑤ ㉣ - ㉠ - ㉢ - ㉡

✔️ 해설 큰 물고기의 단면을 고려해서 연결한다.

20

① ㉠ − ㉢ − ㉡ − ㉣

② ㉠ − ㉡ − ㉣ − ㉢

③ ㉢ − ㉠ − ㉡ − ㉣

④ ㉢ − ㉣ − ㉡ − ㉠

⑤ ㉣ − ㉠ − ㉡ − ㉢

✔해설 로켓을 타고 날아가는 사람을 중심으로 그림을 연결한다.

Answer   19.② 20.①

	표시한 자리에 있는 문자 위치 바꾸기
	홀수끼리만 묶어서 시계방향으로 세 칸 이동
	음영의 위치를 시계방향으로 세 칸 이동
	색칠한 칸에 있는 문자를 수로 바꾸어 더하기
	색칠한 칸에 있는 문자를 수로 바꾸어 곱하기
	순서도 결과 값이 해당 수보다 큰지 판단하기
	순서도 결과 값이 해당 수보다 작은지 판단하기

A	B	C	D	E	F	G	H	I	J	K	L	M	N	O	P	Q	R	S	T	U	V	W	X	Y	Z
1	2	3	4	5	6	7	8	9	10	11	12	13	14	15	16	17	18	19	20	21	22	23	24	25	26

21

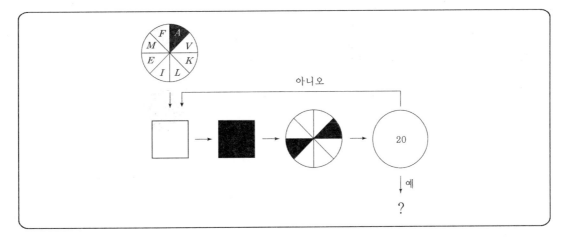

① 20　　　　　　　　　　② 21

③ 22　　　　　　　　　　④ 23

⑤ 25

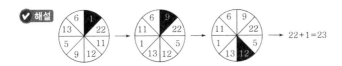

→ 22+1=23

22

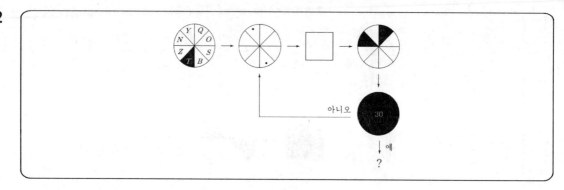

① 29   ② 30

③ 31   ④ 32

⑤ 33

→ 14+15=29

23

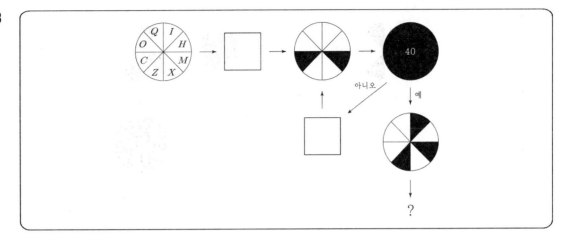

① 1000

② 1100

③ 1150

④ 1170

⑤ 1200

✔해설

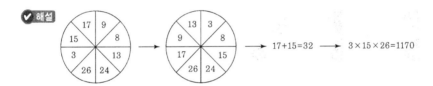

$\longrightarrow$ 17+15=32 $\longrightarrow$ 3×15×26=1170

24

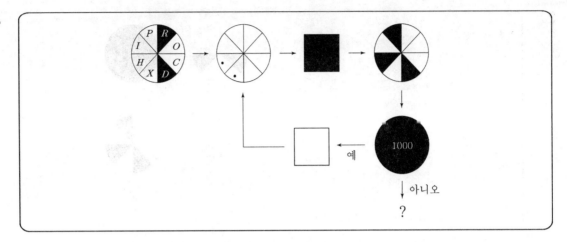

① 1342　　　　　　　② 1456

③ 1536　　　　　　　④ 1753

⑤ 1846

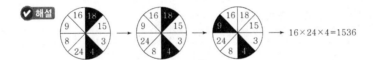

$16 \times 24 \times 4 = 1536$

| 25~28 | 다음에 제시되는 도형의 규칙을 적용하여 마지막에 제시되어야 하는 도형을 고르시오.

규칙	
A	B
도형 색깔 변환	상하대칭

25

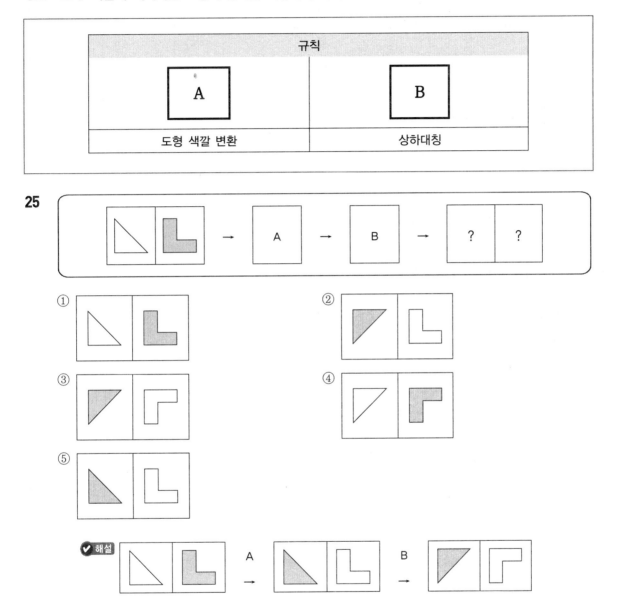

①
②
③
④
⑤

✔해설

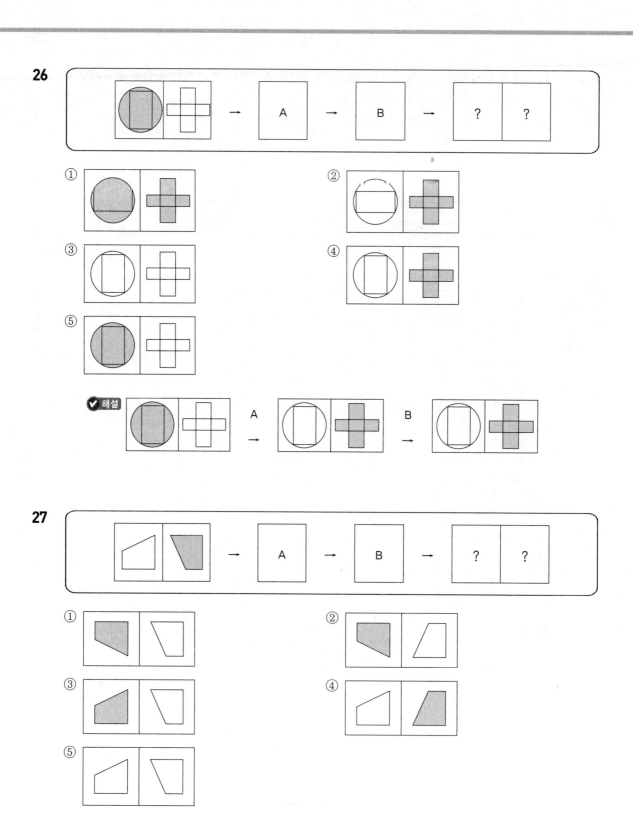

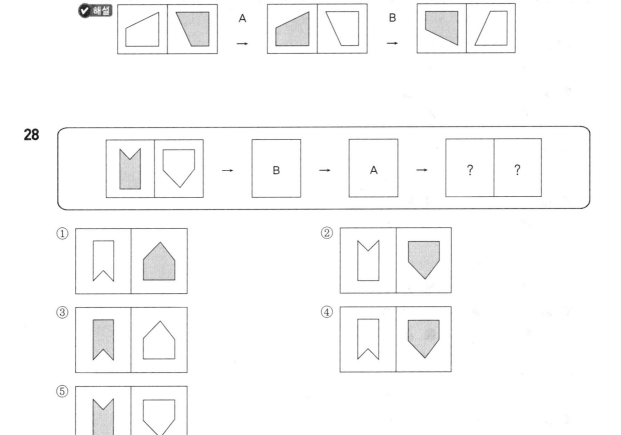

28

①

②

③

④

⑤

| 29~33 | 다음 제시된 도형의 규칙이 다음과 같을 때, 규칙을 적용한 결과로 알맞은 것을 고르시오.

[규칙1] 1열과 3열의 도형 위치를 바꾼다.

[규칙2] 각 도형을 시계방향으로 90° 회전시킨다.

[규칙3] 각 도형의 색을 반전한다.

[규칙4] 2행과 3행의 도형 위치를 바꾼다.

[규칙5] 각 도형을 좌우대칭 한다.

29

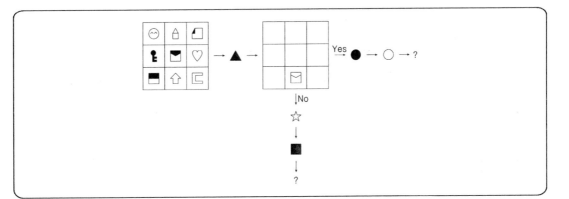

① ②

③ ④

⑤

 해설

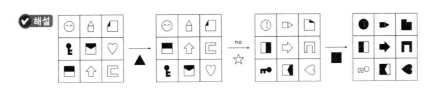

30

Yes No ?

① ②

③ ④

⑤

✔ 해설

31

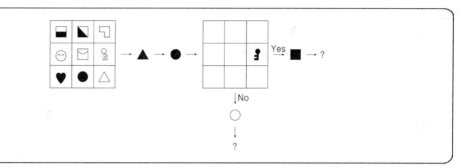

① ② ③ ④ ⑤ (diagrams)

✔ 해설
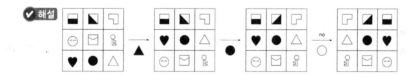

32

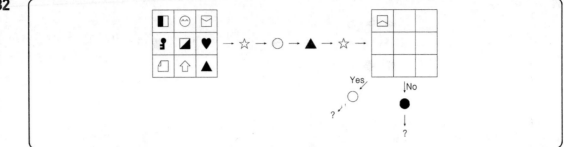

①

②

③

④

⑤

✔ 해설

33

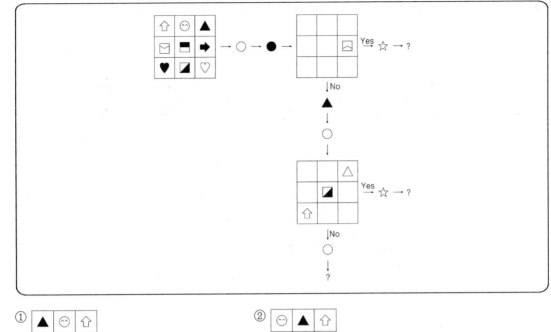

①

②

③

④

⑤

✔해설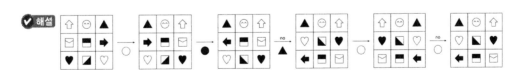

┃34~40 ┃ 다음에 제시된 예를 보고 $와 !에 들어갈 도형으로 옳은 것을 고르시오.

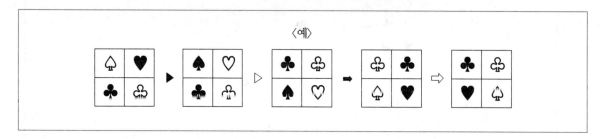

34

<표: 34번 문제 도형>

① ★ ♡   ② ☆ ★

③ ★ ☆   ④ ☆ ♥

⑤ ★ ♥

✔해설 제시된 예의 규칙을 파악하면 다음과 같다.
▶ 1행 색 반전
▷ 1행과 2행 교환
➡ 전체 색 반전
⇨ 1열과 2열 교환

35

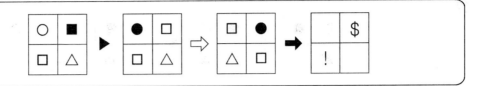

① ● ▲   ② ■ ○

③ ○ ■   ④ ○ △

⑤ ○ ▲

✔해설

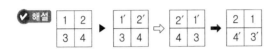

36

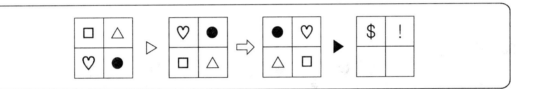

① ● △   ② ○ ♥

③ △ □   ④ ● ♡

⑤ ▲ □

✔해설

1	2		3	4		4	3		4′	3′
3	4	▷	1	2	⇨	2	1	▶	2	1

37

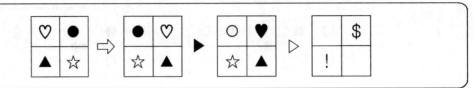

① ▲ ●　　　　　　　② ∧ ∩

③ △ ●　　　　　　　④ ▲ ○

⑤ ♡ ▲

✔ 해설

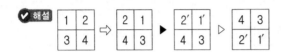

38

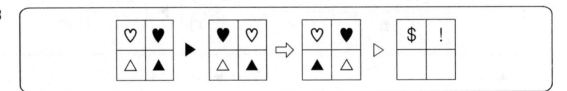

① ▲ △　　　　　　　② △ ▲

③ ♡ ♥　　　　　　　④ ♥ ♡

⑤ △ ♡

✔ 해설

1	2	▶	1′	2′	⇨	2′	1′	▷	4	3
3	4		3	4		4	3		2′	1′

39

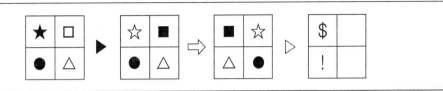

① ● ☆   ② △ ■

③ ○ ★   ④ ▲ □

⑤ ★ □

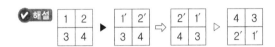

40

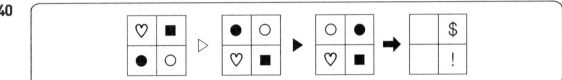

① ♡ ○   ② ♥ ■

③ ● □   ④ ○ □

⑤ ■ ○

PART

04

상황판단 D

CHAPTER

상황판단 D

※ 상황판단 D 유형은 정답이 없습니다.

▌1~50▐ 주어진 상황에서 자신이라면 어떻게 행동할지 가장 가까운 번호를 고르시오.

1 당신은 이제 갓 일주일이 된 신입사원이다. 이 회사에 들어오기 위해 열심히 공부하였지만 영어만큼은 잘 되지 않아 주변의 도움으로 간신히 평균을 넘어서 입사를 하게 되었다. 그런데 갑자기 당신의 상사가 영어로 된 보고서를 주며 내일까지 정리해 오라고 하였다. 여기서 못한다고 한다면 영어실력이 허위인 것이 발각되어 입사가 취소될 지도 모를 상황이다. 그렇다면 당신은 어떻게 할 것인가?

① 솔직히 영어를 못한다고 말한다.
② 동료에게 도움을 요청하여 일을 하도록 한다.
③ 아르바이트를 고용하여 보고서를 정리하도록 한다.
④ 회사를 그만둔다.
⑤ 병가를 내고 일을 미룬다.

2 당신은 팀장이다. 회사가 업무로 한참 바쁠 시기에 팀원 중 한명이 휴가를 내겠다고 한다. 어떻게 하겠는가?

① 바쁜 시기인 만큼 휴가를 다음에 쓰도록 팀원을 설득한다.
② 팀원에게 휴가를 허락한다.
③ 휴가를 허가하되 짧게 내도록 권한다.
④ 다른 팀장에게 조언을 구한다.
⑤ 휴가를 승인해 주지 않는다.

3 친구에게 송금을 해준다는 것을 실수로 친하지 않은 다른 지인의 계좌로 입금을 하였다. 그런데 입금 받은 사람이 돌려주고 싶어 하지 않는 눈치이다.

① 내 잘못이긴 하지만 일단 경찰에 신고한다.
② 전화를 해서 사정을 말하며 돌려줄 것을 요구한다.
③ 파렴치한이라고 화를 내며 따지고 돈을 돌려줄 것을 요구한다.
④ 주변 사람에게 이러한 일이 있었다며 넌지시 소문을 낸다.
⑤ 나중에 돈을 빌린 후 갚지 않는다.

4 당신은 이번 휴가에 가족과 해외 여행을 가기로 마음먹었다. 그러나 휴가 당일에 상사로부터 회사에 급한 일이 있으니 휴가를 다음으로 미루라고 지시를 받았다면 당신은 어떻게 하겠는가?

① 상사의 지시를 무시하고 여행을 간다.

② 상사의 지시에 따른다.

③ 가족들만이라도 여행을 보낸다.

④ 동료에게 일을 부탁한다.

⑤ 휴가지에서 일할 수 있는 방법을 찾아본다.

5 당신은 팀장이다. 요 근래 야근이 잦을 정도로 업무가 밀려 정신이 없는 상황이다. 팀원들이 회식을 은근히 바라는 눈치다. 어떻게 하겠는가?

① 팀원들의 사기를 돋우기 위해 회식을 진행한다.

② 업무를 위해 회식을 후일로 미룬다.

③ 팀 분위기를 다시 살핀다.

④ 팀원이 직접 말할 때까지 기다린다.

⑤ 팀원들에게 일이 마무리되면 회식을 하자고 먼저 제안한다.

6 당신이 배치 받은 부서는 일주일에 4일 이상을 지방출장을 다녀와야 한다. 집에는 일주일에 한번 가서 옷만 갈아입고 올 수 있는 상황의 반복이다.

① 회사일이니 어쩔 수 없다.

② 다른 직원에게 부탁하여 교대로 출장을 갈 것을 요구한다.

③ 팔도여행을 할 수 있는 기회라 생각하고 즐긴다.

④ 회사를 그만둔다.

⑤ 부서를 옮겨 달라고 건의해 본다.

7 새로 들어온 신입사원이 눈치를 살피며 일을 게을리하는게 보인다. 업무시간에도 다른 일을 하다가 급하게 정리하기도 한다. 이 상황에서 당신은 어떻게 할 것인가?

① 요즘 행동에 대해 조용히 묻는다.

② 따로 불러내서 혼을 낸다.

③ 무시한다.

④ 상사에게 알린다.

⑤ 업무시간에 집중하자고 팀원 전체에게 말한다.

8 이번 프로젝트에서 부장은 자신의 의견대로 회의를 마무리하려 한다. 그러나 당신은 다른 의견을 가지고 있다. 당신이라면 어떻게 하겠는가?

① 아무리 상사일지라도 자신의 의견을 확고히 말한다.
② 부하 직원에게 자신의 의견을 대신 말하라 지시한다.
③ 회사 생활을 위해 입을 꾹 다문다.
④ 회의가 끝난 후 부상님에게 따로 보고를 한다.
⑤ 우선 동료와 자신의 의견에 대해 이야기를 나눠본다.

9 나는 평소 개인적으로 외국인 노동자에 대해서 부정적인 견해를 갖고 있는데 이웃집 아주머니가 외국인 노동자권익을 위한 서명을 받으러 우리집에 찾아오셨다.

① 이웃끼리 껄끄러워질 수도 있으니 일단은 서명을 해준다.
② 화를 내면서 이런 것은 서명 할 수 없다며 문전박대한다.
③ 아주머니께 서명을 하고 싶지 않다고 서명을 강요하지 말라고 말한다.
④ 더이상 말을 하고 싶지 않으니 말없이 문을 닫아버린다.
⑤ 나의 부정적인 견해를 말하고 서명을 해준다.

10 당신은 회사에서 불법적인 일을 행하는 상사의 모습을 발견했다. 당신이라면 어떻게 하겠는가?

① 회사에 해가 되는 일이라면 바로 신고한다.
② 상사에게 이런 일을 하는 이유를 묻는다.
③ 사회 생활을 위해 조용히 묻는다.
④ 상사의 일이므로 일단 모른체하고 대가를 요구한다.
⑤ 한 번은 못 본척해 준다며 상사에게 조심하라고 일러둔다.

11 당신은 매 회의마다 부장에게서 팀장 자질이 없다며 모욕 및 폭언을 당했다. 당신이라면 어떻게 하겠는가?

① 부장을 상대로 소송을 한다.
② 부장이 퇴사할 때까지 기다린다.
③ 예민한 직원으로 찍힐 수 있으므로 조용히 묻는다.
④ 다른 상사에게 도움을 요청한다.
⑤ 이직을 한다.

12 당신은 입사한지 1년 차인 사원이다. 예상치 못하게 서울 본사에서 제주도로 발령이 났다면 당신은 어떻게 하겠는가?

① 힘들더라도 제주도에서 혼자 생활한다.
② 회사에 인사발령 취소를 요청한다.
③ 현재 회사를 그만두고 다른 회사를 찾아본다.
④ 가족들과 함께 제주도로 이사한다.
⑤ 사택 제공 여부 등 현실적인 것들을 따져본다.

13 어제 오랜만에 동창들과의 모임에서 과음을 한 당신, 회사에서 힘든 몸을 이끌고 해장을 할 점심시간까지 잘 견디고 있다. 그런데 갑자기 당신의 상사가 오늘 점심시간에 모든 팀원들과 함께 자신의 친구가 회사 앞에 개업한 피자집에서 먹자고 한다. 당신은 어떻게 하겠는가?

① 그냥 상사의 말에 따른다.
② 상사에게 자신의 사정을 이야기하고 혼자 해장국집으로 간다.
③ 상사에게 오늘은 약속이 있어서 안 되므로 다음에 가자고 한다.
④ 동료에게 말하고 몰래 해장하러 간다.
⑤ 휴가를 내고 집으로 간다.

14 점심시간을 제대로 활용하지 못할 정도로 회사에 일이 많다. 팀원들이 지친 기색이 역력하다면 당신이 팀장이라면 어떻게 하겠는가?

① 팀원들에게 별도의 휴식 시간을 제공한다.
② 팀원들에게 따로 간식을 제공한다.
③ 팀의 사정을 말하고 일을 마무리 하도록 재촉한다.
④ 다른 팀의 상황을 참고한다.
⑤ 상사에게 보고해서 팀의 일거리를 줄인다.

15 당신은 입사한지 세 달이 되어가는 신입사원이다. 어느 날 상사가 일을 맡기고는 알아서하라는 말만 남기고 가버렸다. 당신은 아직 업무에 익숙하지도 않은 상태. 이럴 때 당신은 어떻게 하겠는가?

① 시험이라고 생각하면서 지금까지 배운 것을 총동원하여 스스로 해결해본다.
② 평소 친하게 지냈던 선배들에게 물어본다.
③ 상사에게 모르는 것을 질문하면서 도와달라고 요청한다.
④ 더 높은 상사에게 알린다.
⑤ 아는 것만 처리한다.

16 갑자기 팀원 두 명이 식중독 증세를 보여 병원에 입원했다. 팀원들은 점심에 먹은 음식이 의심이 된다고 한다. 당신이라면 어떻게 하겠는가?

① 식당에 전화하여 상황을 알린다.
② 상사에게 현 상황을 알린다.
③ 다른 팀원들이 일을 처리할 것으로 생각하고 모른척한다.
④ 식중독 증세의 원인을 인터넷으로 검색한다.
⑤ 함께 밥을 먹은 다른 팀원들은 괜찮은지 살핀다.

17 당신은 들어온 지 얼마 안 된 신입사원이다. 오늘은 여자 친구와 만난 지 300일이 되는 날이다. 그러나 공교롭게 회식 일정이 겹치게 되었다. 당신이라면 어떻게 하겠는가?

① 여자 친구에게 전화로 사정을 이야기한 후 회식에 참여한다.
② 회식에 1차를 참여하고 여자 친구에게 간다.
③ 여자 친구에게 잠깐 들렸다가 회식 자리에 참여한다.
④ 상사에게 사정을 말하고 여자 친구에게 간다.
⑤ 집에 일이 생긴 척을 하고 회식에 불참한다.

18 당신은 휴가를 맞아 가족들과 여행을 나왔다. 숙소도 예약하고 일정도 다 짜놓은 상태이다. 그런데 휴가지에서 직상상사를 만나게 되었다. 인사를 하고 헤어지려는데 상사가 같이 다닐 것을 제안한다. 이럴 때 당신은 어떻게 하겠는가?

① 사정을 잘 말씀드리고 양해를 구한다.
② 그냥 상사의 말에 따른다.
③ 이곳은 경유지일 뿐이라며 거절한 후 상사를 피해 다닌다.
④ 숙소와 일정을 이야기하며 합의를 한다.
⑤ 무시하고 숙소를 옮긴다.

19 업무 시간에 컴퓨터가 인터넷이 먹통이 되었다. 상사가 자기 일이 많아 도움을 주지 못할 상황이라면 당신은 어떻게 하겠는가?

① 상사의 일이 다 마무리될 때까지 기다린다.
② 동료에게 도움을 요청한다.
③ 회사의 컴퓨터 담당 업무자에게 전화한다.
④ 어떻게든 혼자서 해결한다.
⑤ 일단 인터넷이 필요 없는 업무부터 처리한다.

20 당신은 팀장이다. 들어온 지 얼마 안 되는 신입사원이 자꾸 졸고 있다. 이 상황에서 당신은 어떻게 하겠는가?

① 피곤한가 보다 하고 무시한다.
② 흔들어 깨운 후 따로 불러 따끔하게 혼낸다.
③ 사유서를 제출하도록 지시한다.
④ 당장 일어나라고 소리를 질러 깨운다.
⑤ 따로 불러 어떤 이유가 있는지 물어본다.

21 당신은 친하게 지내는 입사동기가 있다. 승진의 기회가 달린 업무를 두고 선의의 경쟁을 하는데 주변에서 라이벌관계라며 부추긴다. 결국 당신이 승진을 하였고 둘 사이는 서먹해졌다 이때 당신은 어떻게 하겠는가?

① 동기와 식사라도 하면서 속마음을 털어 놓는다
② 경쟁사회이기 때문에 어쩔 수 없다고 생각한다.
③ 묵묵히 일에만 더 열중한다.
④ 또 다른 친한 동료를 만든다.
⑤ 무시한다.

22 당신은 팀장이다. 그런데 새로 들어온 신입사원이 당신보다 나이가 많다. 이 상황에서 당신은 어떻게 하겠는가?

① 자신보다 나이가 많으므로 인간적으로 존중한다.
② 회사는 위계질서가 있기 때문에 나이를 떠나 엄하게 대한다.
③ 다른 팀장에게 조언을 구한다.
④ 그냥 모르는 척 한다.
⑤ 다른 팀원과 마찬가지로 그저 팀장 대 팀원으로 대한다.

23 당신의 부하 직원이 출근하자마자 소화불량으로 굉장히 힘들어하고 있다. 부하 직원이 일을 제대로 못하고 있는 상황에서 당신이라면 어떻게 하겠는가?

① 반차를 쓰고 쉬라고 권유한다.
② 따로 불러내서 잠깐 쉴 시간을 제공한다.
③ 병원에 다녀오도록 지시한다.
④ 알아서 해결하도록 무시한다.
⑤ 약국에 가서 약을 사다 준다.

24 당신은 팀장이다. 갑자기 팀원 사이에 싸움이 나서 언성이 높아지고 있다. 이 상황에서 당신은 어떻게 하겠는가?

① 모르는 척 한다.
② 전체 팀원을 불러내서 따끔하게 혼낸다.
③ 이유를 불문하고 팀장이 보는 앞에서 일어난 사건이므로 엄한 처벌을 가한다.
④ 다른 팀원들을 불러 어떻게 된 일인지 상황을 파악한다.
⑤ 당사자들을 불러내어 따로 해결할 수 있게 한다.

25 당신의 회사는 예전부터 계속적으로 거래를 하고 있는 거래처가 있다. 그런데 어느 날 친한 친구로부터 물품 납품을 청탁받았다. 당신은 어떻게 할 것인가?

① 아무리 친한 친구라도 단호하게 거절한다.
② 친한 친구의 요청이므로 받아들인다.
③ 공정한 가격입찰에 참여시킨다.
④ 친구와 연락을 두절한다.
⑤ 상사에게 보고하고 지시를 따른다.

26 당신은 인사팀에서 기획실로 발령이 났다. 새로운 부서원들과 관계가 서먹하여 관계 개선을 위하여 노력을 하고자 한다. 당신이라면 어떻게 하겠는가?

① 친목을 위해 술자리를 자주 갖는다.
② 부서원들 일정을 일일이 관리해준다.
③ 부서원들을 파악한 후 적정선을 그어 상대한다.
④ 기획실의 분위기를 바꾸려고 노력한다.
⑤ 분위기를 살펴 자연스레 녹아든다.

27 유대리가 당신에게 시킨 업무를 하는 도중에 박팀장이 또 다른 업무를 지시했다. 그러나 시간 관계상 두 가지 일을 모두 하기에는 힘든 상황이다. 당신이라면 어떻게 하겠는가?

① 유대리가 먼저 업무를 시켰으므로 이 업무부터 마무리한다.
② 박팀장이 직급이 더 높은 사람이므로, 이 업무부터 마무리한다.
③ 유대리가 시킨 업무를 먼저 하고, 이후 늦게라도 박팀장이 시킨 업무를 한 후 사정을 말씀드린다.
④ 박팀장이 시킨 업무를 본인이 하고, 유대리가 시킨 업무는 다른 동료에게 부탁한다.
⑤ 팀장에게 상황을 이야기하고 일의 순서를 묻는다.

28 당신은 새로운 기획 프로젝트를 맡아 팀을 이끌어 가고 있다. 그런데 아이디어 회의를 하는 도중 부하 직원이 모호한 말과 표현으로 회의진행을 일관하고 있다. 당신은 어떻게 할 것인가?

① 구체적인 아이디어 주제로 전환한다.
② 부하 직원에게 구체적으로 전개하라고 명령한다.
③ 회의 후 자신의 구체적인 생각을 서면으로 제출하라고 한다.
④ 회의 후 개인적으로 불러 부하의 정확한 아이디어 내용을 듣는다.
⑤ 회의에서 빠지라고 한다.

29 당신은 평소 친하게 지내던 동료와 1년간 교제를 하고 있다. 둘의 관계를 동료들에게 알리고 싶지만 워낙에 담당 팀장이 업무 효율을 운운하며 사내연애를 반대하는 통에 고민이 깊다. 당신이라면 어떻게 하겠는가?

① 자신의 상관의 의지가 확고하므로 조용히 묻는다.
② 친한 동료 몇몇과 이야기하여 방법을 연구한다.
③ 어쩔 수 없이 다른 부서로 이동한다.
④ 팀장에게 사실대로 고한다.
⑤ 연인과 나, 둘 중 한 명이 그만두기로 한다.

30 회사에서 일한지 3년 째, 당신의 상사와 당신은 서로의 집도 오갈만큼 친한 사이이다. 당신의 상사가 꼭 갚겠다며 돈을 빌려갔는데 처음에는 적은 돈이었지만 점차 그 액수가 커져만 가고 액수가 커질수록 돈에 대해 부담감이 커져만 간다. 이럴 때 당신은 어떻게 하겠는가?

① 돈을 그냥 꿔준다.

② 돈이 없다고 거절한다.

③ 회사에 이야기한다.

④ 서로의 속사정을 이야기하며 그 상사의 문제 해결을 같이 고민한다.

⑤ 다른 회사로 이직을 한다.

31 사무실 냉장고에 점심식사를 위해 넣어놓은 음식을 누군가 일부 먹은 것을 확인했다. 어떻게 대처하겠는가?

① 다 먹은 것이 아니기 때문에 아무 일도 없는 듯 넘어간다.

② 자신의 식사이니 손대지 말 것을 당부하는 메모를 붙여놓는다.

③ 상사에게 누군가 자신의 것을 먹은 것 같다고 상의한다.

④ 누가 자신의 것을 먹었는지 모든 사원들에게 물어 확인해서 보상을 받는다.

⑤ 사무실에서 다 들으란 듯이 큰소리로 음식 훔쳐먹는 사람이 있다고 이야기한다.

32 같은 팀 동료의 컴퓨터를 잠깐 사용하는 동안에 우연히 그 동료가 메신저를 통해 자신과 친한 동기의 험담을 하고 있는 것을 발견하였다. 어떻게 대처하겠는가?

① 보지 못한 척 넘어간다.

② 그 동기에게 누군가 너의 험담을 하니 행동을 조심하라 일러준다.

③ 팀 동료에게 험담은 옳지 않으니 하지 않는 것이 좋겠다고 충고한다.

④ 상사에게 이러한 상황은 어찌해야 좋을지 상담한다.

⑤ 친한 동기에게 이야기해 주고 함께 그 동료의 험담을 한다.

33 할머니의 팔순잔치와 회사의 중요한 미팅이 겹쳤다. 당신의 행동은?

① 잔치에 참석해 인사만 하고 바로 미팅에 참석한다.

② 미팅에 참석하여 간단하게 보고 후, 잔치에 참석한다.

③ 미팅을 다른 동료에게 부탁하고 팔순잔치에 참석한다.

④ 할머니께 전화로 사정을 설명하고 미팅에 참석한다.

⑤ 상사에게 해당 문제에 대해 상담한다.

34 마감기한이 급한 업무를 처리하다가 오류를 발견했다. 상사가 빨리 업무를 마무리 지으라고 재촉하는 상황에서 어떠한 행동을 취하겠는가?

① 정해진 시간이 중요하기 때문에 무시하고 일단 마무리를 짓는다.

② 상사에게 상황을 설명하고 마감시간을 연장해달라고 부탁한다.

③ 마감시간보다 일의 완성도가 중요하므로 대대적으로 수정을 감행한다.

④ 다른 동료에게 문제가 생겼으니 자신을 도와달라고 요청한다.

⑤ 업무를 마무리한 후 오류사항에 대한 내용을 상사에게 설명하고 피드백을 받는다.

35 출근길에 떨어진 만원을 발견했다. 경찰서에 가기엔 빠듯한 시간인데 어떻게 처리할 것인가?

① 근처의 가게에 돈이 떨어져 있었다며 설명하고 맡긴다.

② 상사에게 전화해 사정을 설명하고 경찰서에 돈을 맡긴다.

③ 출근시간과 양심을 모두 지키기 위해 무시하고 지나간다.

④ 액수가 크지 않으므로 가까운 편의점에 들려 전부 써버린다.

⑤ 일단 출근을 한 다음, 업무를 마치고 경찰서에 들러서 돈을 맡긴다.

36 상사가 항상 작게 음악을 틀어놓거나 흥얼거리면서 일을 한다. 조용한 환경에서 효율이 올라가는 당신은 그 소리가 매우 신경 쓰인다. 당신의 행동은?

① 상사에게 직접 시끄럽다고 건의한다.
② 상사에게 이어폰과 마스크를 선물한다.
③ 동료들에게 상사의 험담을 하여 소문이 퍼지게 한다.
④ 상사의 상사에게 상담한다.
⑤ 귀마개를 구비한다.

37 당신이 가장 자신 있는 분야를 당신과 사이가 좋지 않은 사람이 맡게 되었다. 소문을 들어보니 그 분야에서 문제가 생겨 일의 진척이 매우 더디다는 얘기를 들었다. 그러나 그 사람은 당신에게 조언을 구하러 오지 않았다. 이럴 때 당신은 어떻게 하겠는가?

① 그 분야의 문제점을 알아본 후 그 사람에게 넌지시 해결방법을 알려준다.
② 회사에 건의하여 그 일을 맡는다.
③ 무시한다.
④ 그 사람의 험담을 하고 다닌다.
⑤ 그 분야의 해결방법을 상사에게 제출한다.

38 당신은 오늘 해야 할 업무를 다 끝마쳤다. 그런데 퇴근시간이 지나도 대부분의 동료들과 상사가 퇴근을 하지 않고 있다. 그렇다면 당신은?

① 그냥 말없이 퇴근한다.
② 인터넷 등을 하며 상사가 퇴근할 때까지 기다린다.
③ 상사나 동료들에게 도와줄 업무가 있는지 물어보고 없다면 먼저 퇴근한다.
④ 퇴근시간이 되었다고 크게 말한 후 동료들을 이끌고 함께 퇴근하도록 한다.
⑤ 내일 할 업무를 미리 한다.

39 당신은 신입사원이다. 신입사원 교육의 일환으로 간부회의에 참석하게 되었다. 회의 중 간부 A가 설명하고 있는 내용이 틀렸다. 어떤 누구도 그것이 틀린 내용인지 모르는 것 같다. 하지만 당신은 그것이 명백히 틀렸다는 것을 알고 있다. 그렇다면 당신은?

① 그냥 모르는 척 한다.
② 나중에 간부를 찾아가 아까 말한 내용이 틀렸다고 말해준다.
③ 옆에 있는 동료에게 틀렸다고 귓속말을 해준다.
④ 회의 도중 손을 들고 그 내용이 틀렸다고 말한다.
⑤ 회의를 마친 후 다른 상사를 찾아가 말한다.

40 원하던 회사의 원하는 부서에 입사하게 된 당신은 첫 출근을 하였다. 업무를 지시받아 처리하던 중 너무 긴장한 탓인지 모르는 것이 생겼다. 내용은 당신이 전공한 전공지식과 관련된 사항이다. 이러한 상황에서 당신은 어떻게 하겠는가?

① 전공지식도 모르면 무시할 수도 있으므로 혼자 힘으로 해결할 수 있도록 노력해본다.
② 솔직하게 말한 후 부서의 선배들에게 질문하여 빠르게 해결한다.
③ 도움을 받을 수 있는 주위의 선·후배 또는 친구들에게 미리 연락해 둔다.
④ 일단 모르는 것을 제외하고 업무를 처리한 후 상사의 언급이 있을 때 다시 처리한다.
⑤ 상사에게 말한 후 다른 동료에게 업무를 넘긴다.

41 유능한 인재였던 후배가 집안의 사정으로 점점 회사 일에 집중을 못하고 있는 상태이다. 주변 사람들에게 알리는 것을 싫어하여 그 후배의 사정을 알고 있는 사람은 당신뿐이라 점점 사람들이 안 좋게 평가를 내리고 있는 상황이다. 이때 당신은 어떻게 하겠는가?

① 사람들에게 알린다.
② 조용히 혼자 방법을 연구한다.
③ 후배를 설득하여 마음을 바꾸도록 한다.
④ 사람들과 이야기하여 방법을 연구한다.
⑤ 후배의 일을 티 나지 않게 도와준다.

42 평상시 일과 결혼한 사람처럼 일을 해오던 상사가 있다. 당신은 능력 있는 그 사람의 모습에 이성적인 매력보다는 일처리 능력을 존경하고 친하게 지내길 원했다. 여느 때와 다름없이 회식이 끝나고 같은 방향이라 동행하던 중 그 상사가 갑자기 고백을 해온다면 당신은 어떻게 할 것인가?

① 정중하게 거절한다.
② 상관이므로 어쩔 수 없이 만난다.
③ 거절 후 다른 부서로 이동한다.
④ 퇴사한다.
⑤ 자신의 감정을 이야기하고 전처럼 지내자고 한다.

43 중요한 회의를 하고 있다. 그런데 점심에 먹은 것이 잘못되었는지 배에서 요동이 친다. 배가 아파 화장실이 너무 급한 상황이다. 당신은 어떻게 하겠는가?

① 회의가 끝날 때까지 최대한 참기 위해 노력한다.
② 잠시 회의의 중단을 요구하고 화장실을 다녀온다.
③ 회의의 진행에 방해가 되지 않게 조용히 화장실을 다녀온다.
④ 옆의 동료에게 말하고 화장실을 다녀온다.
⑤ 급한 전화가 온 척 일어나 화장실에 다녀온다.

44 성실하고 모든 일에 열심이라 생각했던 후배의 행동이 이상해졌다. 업무시간에도 눈치를 살피며 부르면 화들짝 놀라기도 한다. 회의시간엔 멍하니 있다가 혼나기도 여러 번이다. 이 상황에서 당신은 어떻게 할 것인가?

① 따끔하게 혼을 낸다.
② 조용하게 불러서 사정을 물어본다.
③ 모르는 척 한다.
④ 상사에게 알린다.
⑤ 후배의 동기를 불러 무슨 일이 있는 건지 물어본다.

45 당신이 입사한 기업이 새로운 경영전략으로 해외시장진출을 목표로 하고 있다. 이 해외시장진출 목표의 일환으로 중국 회사와의 합작사업추진을 위한 프로젝트팀을 구성하게 되었다. 당신은 이 팀의 리더로 선발 되었으며, 2년 이상 중국에서 근무를 해야만 한다. 그러나 당신은 집안 사정 및 자신의 경력 계획 실현을 위하여 중국 발령을 원하지 않고 있다. 당신의 상사는 당신이 꼭 가야만 한다고 당신을 밤낮으로 설득하고 있다. 당신은 어떻게 하였는가?

① 중국에 가고 싶지 않은 이유를 설명한 후 발령을 취소해 줄 것을 끝까지 요구한다.

② 회사를 그만둔다.

③ 해외발령을 가는 대신 그에 상응하는 대가를 요구한다.

④ 가기 싫지만 모든 것을 받아들이고 간다.

⑤ 해외근무를 원하는 다른 동료를 추천한다.

46 당신이 존경하는 상사가 회사를 위한 일이라며 회계장부의 조작 및 회사 자료의 허위조작 등을 요구한다면 당신은 어떻게 하겠는가?

① 회사를 위한 것이므로 따르도록 한다.

② 일 자체가 불법적이므로 할 수 없다고 한다.

③ 불법적 행위에 대하여 경찰에 고소하고 회사를 그만 둔다.

④ 존경하는 상사의 지시이므로 일단 하고 대가를 요구한다.

⑤ 다른 상사에게 상황에 대해 설명하고 상담한다.

47 당신은 입사한 지 일주일도 안 된 신입사원이다. 당신이 속해 있는 팀과 팀원들은 현재 진행 중인 프로젝트의 마무리로 인하여 매우 바쁜 상태에 있다. 그러나 신입사원인 당신은 자신이 해야 할 업무가 불명확하여 무엇을 해야 할지 모르고, 자신만 아무 일을 하지 않는 것 같아 다른 사람들에게 미안함을 느끼고 있다. 이런 경우 당신은 어떻게 하겠는가?

① 명확한 업무가 책정될 때까지 기다린다.

② 내가 해야 할 일이 무엇인지 스스로 찾아 한다.

③ 현재의 팀에는 내가 할 일이 없으므로 다른 부서로 옮겨줄 것을 요구한다.

④ 팀장에게 요구하여 빠른 시간 내에 자신의 역할이 할당되도록 한다.

⑤ 주변 동료에게 도와줄 것이 있는지 물어본다.

48 당신은 현재 공장에서 근무를 하고 있다. 오랜 기간동안 일을 하면서 생산비를 절감할 수 있는 좋은 아이디어 몇 가지를 생각하게 되었다. 그러나 이 공장에는 제안제도라는 것이 없고 당신의 직속상관은 당신의 제안을 하찮게 생각하고 있다. 당신은 막연히 회사의 발전을 위하여 여러 제안들을 생각한 것이지만 아무도 당신의 진심을 알지 못한다. 그렇다면 당신은 어떻게 행동할 것인가?

① 나의 제안을 알아주는 사람도 없고 이 제안을 알리기 위해 이리저리 뛰어 다녀봤자 심신만 피곤할 뿐이니 그냥 앞으로 제안을 생각하지도 않는다.

② 제안제도를 만들 것을 회사에 건의한다.

③ 좋은 제안을 받아들일 줄 모르는 회사는 발전 가능성이 없으므로 이번 기회에 회사를 그만 둔다.

④ 제안이 받아들여지지 않더라도 내가 할 수 있는 한도 내에서 제안할 내용을 일에 적용한다.

⑤ 사원 모두가 볼 수 있도록 사내 게시판에 제안서를 붙여둔다.

49 고객으로부터 급한 연락이 왔다. 그러나 당신은 지금 중요 거래처 사람과의 약속장소로 가고 있다. 그런데 약속한 상대방과 연락이 되지 않고 있다면 당신은 어떻게 할 것인가?

① 동료에게 고객을 응대해 줄 것을 부탁한다.

② 고객에게 양해를 구하고 약속장소로 간다.

③ 동료에게 거래처 사람과 만날 것을 부탁하고 고객을 응대한다.

④ 상사에게 고객을 응대해 줄 것을 요청한다.

⑤ 고객을 먼저 응대하고 거래처 사람의 연락이 올 때까지 기다린다.

50 친하게 지내던 동기가 갑자기 당신의 인사를 무시하기 시작하였다. 뿐만 아니라 회사의 사람들이 당신을 보고 수군거리거나 자리를 피하는 것 같다. 이 상황에서 당신은 어떻게 할 것인가?

① 친하게 지내던 동기에게 먼저 다가가 인사한다.

② 적극적으로 무슨 일인지 알아본다.

③ 아무렇지 않은 척 태연하게 회사를 다닌다.

④ 평소보다 더 잘 웃으며 즐겁게 회사를 다닌다.

⑤ 그 상황을 견디지 못하고 회사를 그만둔다.

PART

05

부록

01 인성검사

>> **유형 1**

┃1~50┃ 다음 주어진 문장을 보고 자신이 동의하는 정도에 따라 ① 전혀 그렇지 않다, ② 그렇지 않다, ③ 보통이다, ④ 그렇다, ⑤ 매우 그렇다를 선택하시오.

1

문항예시	전혀 그렇지 않다	그렇지 않다	보통이다	그렇다	매우 그렇다
① 작은 일이라도 쉽게 결정하는 것은 어리석다.	①	②	③	④	⑤
② 타인의 의견에서 중요한 힌트를 자주 얻는다.	①	②	③	④	⑤

2

문항예시	전혀 그렇지 않다	그렇지 않다	보통이다	그렇다	매우 그렇다
① 자신의 생각과 행동을 신뢰하는 편이다.	①	②	③	④	⑤
② 반대의견은 참고의 대상일 뿐이다.	①	②	③	④	⑤

3

문항예시	전혀 그렇지 않다	그렇지 않다	보통이다	그렇다	매우 그렇다
① 운동을 즐기는 편이다.	①	②	③	④	⑤
② 땀 흘리는 것을 싫어한다.	①	②	③	④	⑤

4

문항예시	전혀 그렇지 않다	그렇지 않다	보통이다	그렇다	매우 그렇다
① 순간 떠오르는 아이디어를 자주 활용한다.	①	②	③	④	⑤
② 객관적 분석없이 일을 진행하는 것은 어리석다.	①	②	③	④	⑤

5

문항예시	전혀 그렇지 않다	그렇지 않다	보통이다	그렇다	매우 그렇다
① 상상력과 호기심이 많은 편이다.	①	②	③	④	⑤
② 판타지 영화, 가상의 세계가 매우 흥미롭다.	①	②	③	④	⑤

6

문항예시	전혀 그렇지 않다	그렇지 않다	보통이다	그렇다	매우 그렇다
① 논쟁할 때 자신보다 타인의 주장에 신경쓴다.	①	②	③	④	⑤
② 논쟁할 때 상대방의 입장을 이해하려고 애쓴다.	①	②	③	④	⑤

7

문항예시	전혀 그렇지 않다	그렇지 않다	보통이다	그렇다	매우 그렇다
① 지저분한 책상에서는 공부가 안 된다.	①	②	③	④	⑤
② 자신의 방의 물건은 항상 제자리에 있어야 한다.	①	②	③	④	⑤

8

문항예시	전혀 그렇지 않다	그렇지 않다	보통이다	그렇다	매우 그렇다
① 자신이 하찮게 느껴질 때가 많다.	①	②	③	④	⑤
② 자신이 자랑스러운 적이 많다.	①	②	③	④	⑤

9

문항예시	전혀 그렇지 않다	그렇지 않다	보통이다	그렇다	매우 그렇다
① 입사시험을 제대로 치를 수 있을 지 걱정된다.	①	②	③	④	⑤
② 입사 후에 제대로 적응할 수 있을지 걱정된다.	①	②	③	④	⑤

10

문항예시	전혀 그렇지 않다	그렇지 않다	보통이다	그렇다	매우 그렇다
① 창의적인 분야에 도전해 보고 싶다.	①	②	③	④	⑤
② 창조성이 떨어지는 편이다.	①	②	③	④	⑤

11

문항예시	전혀 그렇지 않다	그렇지 않다	보통이다	그렇다	매우 그렇다
① 정형화된 업무방식을 선호한다.	①	②	③	④	⑤
② 창의와 혁신은 위험이 많이 따른다고 생각한다.	①	②	③	④	⑤

12

문항예시	전혀 그렇지 않다	그렇지 않다	보통이다	그렇다	매우 그렇다
① 친구들에게 모욕을 당하면 화가 난다.	①	②	③	④	⑤
② 남이 자신에게 화를 낼 수도 있다고 생각한다.	①	②	③	④	⑤

13

문항예시	전혀 그렇지 않다	그렇지 않다	보통이다	그렇다	매우 그렇다
① 나에게 꼭 필요한 사람들만 만나고 싶다.	①	②	③	④	⑤
② 모든 사람에게 잘할 필요는 없다.	①	②	③	④	⑤

14

문항예시	전혀 그렇지 않다	그렇지 않다	보통이다	그렇다	매우 그렇다
① 절제력이 약한 편이다.	①	②	③	④	⑤
② 자기 컨트롤에 능한 편이다.	①	②	③	④	⑤

15

문항예시	전혀 그렇지 않다	그렇지 않다	보통이다	그렇다	매우 그렇다
① 인정받기 위해 애쓴다.	①	②	③	④	⑤
② 자신의 능력을 타인에게 보여주고 싶다.	①	②	③	④	⑤

16

문항예시	전혀 그렇지 않다	그렇지 않다	보통이다	그렇다	매우 그렇다
① 공부든, 일이든 노력한 만큼 보상받지 못했다.	①	②	③	④	⑤
② 노력한 만큼 그 결과가 반드시 따라왔다.	①	②	③	④	⑤

17

문항예시	전혀 그렇지 않다	그렇지 않다	보통이다	그렇다	매우 그렇다
① 이성 교제 경험이 많은 편이다.	①	②	③	④	⑤
② 한 이성을 오랫동안 사귀는 편이다.	①	②	③	④	⑤

18

문항예시	전혀 그렇지 않다	그렇지 않다	보통이다	그렇다	매우 그렇다
① 자신이 혼자라서 외롭다고 느낄 때가 있다.	①	②	③	④	⑤
② 죽음을 생각한 적이 있다.	①	②	③	④	⑤

19

문항예시	전혀 그렇지 않다	그렇지 않다	보통이다	그렇다	매우 그렇다
① 기분이 가라앉을 때가 많다.	①	②	③	④	⑤
② 현실은 죽음과 고통이 많은 슬픈 곳이다.	①	②	③	④	⑤

20

문항예시	전혀 그렇지 않다	그렇지 않다	보통이다	그렇다	매우 그렇다
① 강요당하는 것을 싫어한다.	①	②	③	④	⑤
② 관습을 타파해야 발전할 수 있다.	①	②	③	④	⑤

21

문항예시	전혀 그렇지 않다	그렇지 않다	보통이다	그렇다	매우 그렇다
① 우연은 없다고 생각한다.	①	②	③	④	⑤
② 보이지 않는 힘이 자신의 인생을 좌우한다.	①	②	③	④	⑤

22

문항예시	전혀 그렇지 않다	그렇지 않다	보통이다	그렇다	매우 그렇다
① 자신의 종교사상이 진리라고 생각한다.	①	②	③	④	⑤
② 타인의 종교에 대해서 배타적인 편이다.	①	②	③	④	⑤

23

문항예시	전혀 그렇지 않다	그렇지 않다	보통이다	그렇다	매우 그렇다
① 보이지 않는 것은 믿을 수 없다.	①	②	③	④	⑤
② 합리적인 이성에 의해 세상은 모두 설명된다.	①	②	③	④	⑤

24

문항예시	전혀 그렇지 않다	그렇지 않다	보통이다	그렇다	매우 그렇다
① 이유없이 자신을 때린다면 즉시 반격할 것이다.	①	②	③	④	⑤
② 자신이 타인에게 공격당해도 참는다.	①	②	③	④	⑤

25

문항예시	전혀 그렇지 않다	그렇지 않다	보통이다	그렇다	매우 그렇다
① 주위의 모든 학생이 경쟁자였다.	①	②	③	④	⑤
② 자기 자신과의 싸움을 즐긴다.	①	②	③	④	⑤

26

문항예시	전혀 그렇지 않다	그렇지 않다	보통이다	그렇다	매우 그렇다
① 성공하고 싶다.	①	②	③	④	⑤
② 발전하지 않으면 실패할 것이다.	①	②	③	④	⑤

27

문항예시	전혀 그렇지 않다	그렇지 않다	보통이다	그렇다	매우 그렇다
① 세상은 아름다운 곳이다.	①	②	③	④	⑤
② 삶의 즐거움을 느낄 때가 많다.	①	②	③	④	⑤

28

문항예시	전혀 그렇지 않다	그렇지 않다	보통이다	그렇다	매우 그렇다
① 작은 일도 많이 고심한 후에 결정한다.	①	②	③	④	⑤
② 쉽게 결정해버리면 실패할 것이다.	①	②	③	④	⑤

29

문항예시	전혀 그렇지 않다	그렇지 않다	보통이다	그렇다	매우 그렇다
① 계획적인 삶이야말로 이상적인 삶이다.	①	②	③	④	⑤
② 계획하지 않은 일이 일어나면 당황스럽다.	①	②	③	④	⑤

30

문항예시	전혀 그렇지 않다	그렇지 않다	보통이다	그렇다	매우 그렇다
① 보고서 작성 시 하나의 오타도 용납할 수 없다.	①	②	③	④	⑤
② 완벽한 일처리를 위해 노력한다.	①	②	③	④	⑤

31

문항예시	전혀 그렇지 않다	그렇지 않다	보통이다	그렇다	매우 그렇다
① 더러운 사람이 매우 싫다.	①	②	③	④	⑤
② 너무 깔끔하게 할 필요는 없다.	①	②	③	④	⑤

32

문항예시	전혀 그렇지 않다	그렇지 않다	보통이다	그렇다	매우 그렇다
① 친구들이 자신을 싫어하는 편이다.	①	②	③	④	⑤
② 사람들이 자신을 싫어하지만 내색하지 않는다.	①	②	③	④	⑤

33

문항예시	전혀 그렇지 않다	그렇지 않다	보통이다	그렇다	매우 그렇다
① 팀워크보다 개개인의 능력 발휘가 더 중요하다.	①	②	③	④	⑤
② 팀프로젝트에서 가장 중요한 것은 팀워크다.	①	②	③	④	⑤

34

문항예시	전혀 그렇지 않다	그렇지 않다	보통이다	그렇다	매우 그렇다
① 낯선 사람과 대화할 때 부끄러움을 느낀다.	①	②	③	④	⑤
② 낯선 사람에게 길을 물어보기가 꺼려진다.	①	②	③	④	⑤

35

문항예시	전혀 그렇지 않다	그렇지 않다	보통이다	그렇다	매우 그렇다
① 자신이 가진 조건이 실망스럽다.	①	②	③	④	⑤
② 더 나은 삶을 살고 싶다.	①	②	③	④	⑤

36

문항예시	전혀 그렇지 않다	그렇지 않다	보통이다	그렇다	매우 그렇다
① 입사시험에서 합격할 것 같다.	①	②	③	④	⑤
② 입사시험에 합격하기 어려울 것 같다.	①	②	③	④	⑤

37

문항예시	전혀 그렇지 않다	그렇지 않다	보통이다	그렇다	매우 그렇다
① 자신의 감정을 잘 표현하지 않는 편이다.	①	②	③	④	⑤
② 감정을 무조건 절제만 하는 것은 좋지 않다.	①	②	③	④	⑤

38

문항예시	전혀 그렇지 않다	그렇지 않다	보통이다	그렇다	매우 그렇다
① 말수가 적은 편이다.	①	②	③	④	⑤
② 지인들과 대화를 많이 하는 편이다.	①	②	③	④	⑤

39

문항예시	전혀 그렇지 않다	그렇지 않다	보통이다	그렇다	매우 그렇다
① 다수의 의견을 존중해야 한다.	①	②	③	④	⑤
② 모두 찬성해도 자신만 반대의견을 낼 수 있다.	①	②	③	④	⑤

40

문항예시	전혀 그렇지 않다	그렇지 않다	보통이다	그렇다	매우 그렇다
① 승부근성이 강한 편이다.	①	②	③	④	⑤
② 타인과의 경쟁에 크게 관심이 없다.	①	②	③	④	⑤

41

문항예시	전혀 그렇지 않다	그렇지 않다	보통이다	그렇다	매우 그렇다
① 악의를 가지고 거짓말 한 적이 없다.	①	②	③	④	⑤
② 잘못을 감추기 위해 거짓말을 할 수 있다.	①	②	③	④	⑤

42

문항예시	전혀 그렇지 않다	그렇지 않다	보통이다	그렇다	매우 그렇다
① 정직한 사람은 어디서든 성공할 것이다.	①	②	③	④	⑤
② 상황에 따라서 적당한 거짓말도 필요하다.	①	②	③	④	⑤

43

문항예시	전혀 그렇지 않다	그렇지 않다	보통이다	그렇다	매우 그렇다
① 결혼식 때 친구들이 많이 올 것이다.	①	②	③	④	⑤
② 평소에 친구들을 많이 만나는 편이다.	①	②	③	④	⑤

44

문항예시	전혀 그렇지 않다	그렇지 않다	보통이다	그렇다	매우 그렇다
① 싫어하는 사람이 없다.	①	②	③	④	⑤
② 특별히 싫은 유형의 사람이 있다.	①	②	③	④	⑤

45

문항예시	전혀 그렇지 않다	그렇지 않다	보통이다	그렇다	매우 그렇다
① 지인의 사소한 충고도 신경 쓰인다.	①	②	③	④	⑤
② 타인의 말이 마음에 남을 때가 많다.	①	②	③	④	⑤

46

문항예시	전혀 그렇지 않다	그렇지 않다	보통이다	그렇다	매우 그렇다
① 흐린 날에는 반드시 우산을 가지고 간다.	①	②	③	④	⑤
② 중요한 일은 밤을 새워서 준비한다.	①	②	③	④	⑤

47

문항예시	전혀 그렇지 않다	그렇지 않다	보통이다	그렇다	매우 그렇다
① 타인의 생명을 위해 목숨을 내놓을 수 있다.	①	②	③	④	⑤
② 뉴스의 대형사고 소식을 접하면 안타깝다.	①	②	③	④	⑤

48

문항예시	전혀 그렇지 않다	그렇지 않다	보통이다	그렇다	매우 그렇다
① 불합리한 일을 당해도 참는 것이 좋다.	①	②	③	④	⑤
② 상사가 사적인 일을 지시해도 수행한다.	①	②	③	④	⑤

49

문항예시	전혀 그렇지 않다	그렇지 않다	보통이다	그렇다	매우 그렇다
① 특별히 열정을 가지고 하는 일이 있다.	①	②	③	④	⑤
② 가끔 자신의 삶이 무미건조하게 느껴진다.	①	②	③	④	⑤

50

문항예시	전혀 그렇지 않다	그렇지 않다	보통이다	그렇다	매우 그렇다
① 특별한 취미가 없다.	①	②	③	④	⑤
② 일을 하느라고 취미생활을 할 여유가 없다.	①	②	③	④	⑤

▌1~50▐ ㈎에 가까울수록 ①에 가깝게, ㈏에 가까울수록 ⑤에 가깝게 응답하시오.

1

㈎에 가까울수록				㈏에 가까울수록
①	②	③	④	⑤

㈎ 다른 사람을 욕한 적이 한 번도 없다.　　㈏ 다른 사람에게 어떻게 보일지 신경을 쓴다.

2

㈎에 가까울수록				㈏에 가까울수록
①	②	③	④	⑤

㈎ 그다지 융통성이 있는 편이 아니다　　㈏ 다른 사람이 내 의견에 간섭하는 것이 싫다.

3

㈎에 가까울수록				㈏에 가까울수록
①	②	③	④	⑤

㈎ 기회가 있으면 꼭 얻는 편이다.　　㈏ 단념하는 것은 있을 수 없다.

4

㈎에 가까울수록				㈏에 가까울수록
①	②	③	④	⑤

㈎ 더 높은 능력이 요구되는 일을 하고 싶다.　　㈏ 새로운 사람을 만날 때는 두근거린다.

5

(가)에 가까울수록   (나)에 가까울수록

①	②	③	④	⑤

(가) 한 우물만 파고 싶다.   (나) 스트레스를 해소하기 위해 몸을 움직인다.

6

(가)에 가까울수록   (나)에 가까울수록

①	②	③	④	⑤

(가) 사교성이 있는 편이라고 생각한다.   (나) 모르는 것이 있어도 행동하면서 생각한다.

7

(가)에 가까울수록   (나)에 가까울수록

①	②	③	④	⑤

(가) 이론만 내세우는 사람과 대화하면 짜증이 난다.   (나) 상처를 주는 것도, 받는 것도 싫다.

8

(가)에 가까울수록   (나)에 가까울수록

①	②	③	④	⑤

(가) 친구를 재미있게 하는 것을 좋아한다.   (나) 아침부터 아무것도 하고 싶지 않을 때가 있다.

9

(가)에 가까울수록   (나)에 가까울수록

①	②	③	④	⑤

(가) 활동력이 있는 편이다.   (나) 많은 사람들과 왁자지껄하게 식사하는 것을 좋
                                                        아하지 않는다.

10

(가)에 가까울수록   (나)에 가까울수록

①	②	③	④	⑤

(가) 하나의 취미에 열중하는 타입이다.   (나) 모임에서 회장에 어울린다고 생각한다.

11

(가)에 가까울수록   (나)에 가까울수록

①	②	③	④	⑤

(가) 학급에서는 존재가 희미했다.   (나) 항상 무언가를 생각하고 있다.

12

(가)에 가까울수록   (나)에 가까울수록

①	②	③	④	⑤

(가) 흐린 날은 반드시 우산을 가지고 간다.   (나) 주연상을 받을 수 있는 배우를 좋아한다.

13

(가)에 가까울수록   (나)에 가까울수록

①	②	③	④	⑤

(가) 밤길에는 발소리가 들리기만 해도 불안하다.   (나) 상냥하다는 말을 들은 적이 있다.

14

(가)에 가까울수록   (나)에 가까울수록

①	②	③	④	⑤

(가) 나는 영업에 적합한 타입이라고 생각한다.   (나) 술자리에서 술을 마시지 않아도 흥을 돋울 수 있다.

15

(가)에 가까울수록   (나)에 가까울수록

①	②	③	④	⑤

(가) 자기 주장이 강한 편이다.   (나) 뒤숭숭하다는 말을 들은 적이 있다.

16

(가)에 가까울수록   (나)에 가까울수록

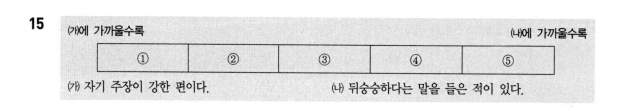

①	②	③	④	⑤

(가) 사려 깊은 편이다.   (나) 몸을 움직이는 것을 좋아한다.

17

(가)에 가까울수록   (나)에 가까울수록

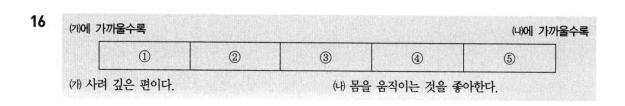

①	②	③	④	⑤

(가) 인생의 목표는 큰 것이 좋다.   (나) 어떤 일이라도 바로 시작하는 타입이다.

18

(가)에 가까울수록				(나)에 가까울수록
①	②	③	④	⑤

(가) 쉬는 날은 밖으로 나가는 경우가 많다.　　　　　(나) 시작한 일은 반드시 완성시킨다.

19

(가)에 가까울수록				(나)에 가까울수록
①	②	③	④	⑤

(가) 자신을 끈기 있는 사람이라고 생각한다.　　　　　(나) 좋다고 생각하더라도 좀 더 검토하고 나서 실행한다.

20

(가)에 가까울수록				(나)에 가까울수록
①	②	③	④	⑤

(가) 사람과 만날 약속은 부담스럽다.　　　　　(나) 질문을 받으면 충분히 생각하고 나서 대답하는 편이다.

21

(가)에 가까울수록				(나)에 가까울수록
①	②	③	④	⑤

(가) 감정적인 사람이라고 생각한다.　　　　　(나) 자신만의 신념을 가지고 있다.

22

(가)에 가까울수록   (나)에 가까울수록

①	②	③	④	⑤

(가) 나를 싫어하는 사람이 없다.   (나) 대재앙이 오지 않을까 항상 걱정을 한다.

23

(가)에 가까울수록   (나)에 가까울수록

①	②	③	④	⑤

(가) 문제점을 해결하기 위해 여러 사람과 상의한다.   (나) 내 방식대로 일을 한다.

24

(가)에 가까울수록   (나)에 가까울수록

①	②	③	④	⑤

(가) 사소한 충고에도 걱정을 한다.   (나) 자신은 도움이 안 되는 사람이라고 생각한다.

25

(가)에 가까울수록   (나)에 가까울수록

①	②	③	④	⑤

(가) 금세 무기력해지는 편이다.   (나) 비교적 고분고분한 편이라고 생각한다.

26

(가)에 가까울수록   (나)에 가까울수록

①	②	③	④	⑤

(가) 금방 감격하는 편이다.   (나) 어떤 것에 대해서는 불만을 가진 적이 없다.

27

(가)에 가까울수록				(나)에 가까울수록
①	②	③	④	⑤

(가) 조금이라도 나쁜 소식은 절망의 시작이라고 생각   (나) 언제나 실패가 걱정이 되어 어쩔 줄 모른다.
　 해 버린다.

28

(가)에 가까울수록				(나)에 가까울수록
①	②	③	④	⑤

(가) 승부근성이 강하다.   (나) 자주 흥분해서 침착하지 못한다.

29

(가)에 가까울수록				(나)에 가까울수록
①	②	③	④	⑤

(가) 무엇이든지 자기가 나쁘다고 생각하는 편이다.   (나) 자신을 변덕스러운 사람이라고 생각한다.

30

(가)에 가까울수록				(나)에 가까울수록
①	②	③	④	⑤

(가) 금방 흥분하는 성격이다.   (나) 거짓말을 한 적이 없다.

31

(가)에 가까울수록   (나)에 가까울수록

①	②	③	④	⑤

(가) 외출시 문을 잠갔는지 몇 번을 확인한다.   (나) 이왕 할 거라면 일등이 되고 싶다.

32

(가)에 가까울수록   (나)에 가까울수록

①	②	③	④	⑤

(가) 무심코 도리에 대해서 말하고 싶어진다.   (나) '항상 건강하네요.'라는 말을 듣는다.

33

(가)에 가까울수록   (나)에 가까울수록

①	②	③	④	⑤

(가) 체험을 중요하게 여기는 편이다.   (나) 도리를 판별하는 사람을 좋아한다.

34

(가)에 가까울수록   (나)에 가까울수록

①	②	③	④	⑤	⑤

(가) 현실적인 편이다.   (나) 생각날 때 물건을 산다.

35

(가)에 가까울수록   (나)에 가까울수록

①	②	③	④	⑤

(가) 재미있는 것을 추구하는 경향이 있다.   (나) 어려움에 처해 있는 사람을 보면 원인을 생각한다.

36

(가)에 가까울수록   (나)에 가까울수록

①	②	③	④	⑤

(가) 연구는 이론체계를 만들어 내는 데 의의가 있다.   (나) 규칙을 벗어나서까지 사람을 돕고 싶지 않다.

37

(가)에 가까울수록   (나)에 가까울수록

①	②	③	④	⑤

(가) 뜨거워지기 쉽고 식기 쉽다.   (나) 자신만의 세계를 가지고 있다.

38

(가)에 가까울수록   (나)에 가까울수록

①	②	③	④	⑤

(가) 인생을 포기하는 마음을 가진 적이 한 번도 없다.   (나) 어두운 성격이다.

39

(가)에 가까울수록   (나)에 가까울수록

①	②	③	④	⑤

(가) 무리한 도전을 할 필요는 없다고 생각한다.   (나) 남의 앞에 나서는 것을 잘 하지 못하는 편이다.

40

(가)에 가까울수록   (나)에 가까울수록

①	②	③	④	⑤

(가) 유연히 대응하는 편이다.   (나) 휴일에는 집 안에서 편안하게 있을 때가 많다.

41

(가)에 가까울수록   (나)에 가까울수록

①	②	③	④	⑤

(가) 친구가 적은 편이다.   (나) 결론이 나도 여러 번 생각을 하는 편이다.

42

(가)에 가까울수록   (나)에 가까울수록

①	②	③	④	⑤

(가) 움직이지 않고 많은 생각을 하는 것이 즐겁다.   (나) 현실적이다.

43

(가)에 가까울수록   (나)에 가까울수록

①	②	③	④	⑤

(가) 파란만장하더라도 성공하는 인생을 걷고 싶다.   (나) 활기찬 편이라고 생각한다.

44

(가)에 가까울수록   (나)에 가까울수록

①	②	③	④	⑤

(가) 자신은 성급하다고 생각한다.   (나) 꾸준히 노력하는 타입이라고 생각한다.

45

(가)에 가까울수록   (나)에 가까울수록

①	②	③	④	⑤

(가) 생각했다고 해서 꼭 행동으로 옮기는 것은 아   (나) 목표 달성에 별로 구애받지 않는다.
니다.

46

(가)에 가까울수록   (나)에 가까울수록

①	②	③	④	⑤

(가) 활발한 사람이라는 말을 듣는 편이다.   (나) 자주 기회를 놓치는 편이다.

47

(가)에 가까울수록   (나)에 가까울수록

①	②	③	④	⑤

(가) 결과보다 과정이 중요하다.   (나) 자기 능력의 범위 내에서 정확히 일을 하고 싶다.

48

(가)에 가까울수록   (나)에 가까울수록

①	②	③	④	⑤

(가) 글을 쓸 때 미리 내용을 결정하고 나서 쓴다.   (나) 여러 가지 일을 경험하고 싶다.

49

(가)에 가까울수록   (나)에 가까울수록

①	②	③	④	⑤

(가) 하기 싫은 것을 하고 있으면 무심코 불만을 말   (나) 투지를 드러내는 경향이 있다.
    한다.

50

(가)에 가까울수록   (나)에 가까울수록

①	②	③	④	⑤

(가) 착한 사람이라는 말을 들을 때가 많다.   (나) 자신을 다른 사람보다 뛰어나다고 생각한다.

CHAPTER 02 면접

1 면접준비

(1) 면접의 기본 원칙

① **면접의 의미** … 면접이란 다양한 면접기법을 활용하여 지원한 직무에 필요한 능력을 지원자가 보유하고 있는지를 확인하는 절차라고 할 수 있다. 즉, 지원자의 입장에서는 채용 직무수행에 필요한 요건들과 관련하여 자신의 환경, 경험, 관심사, 성취 등에 대해 기업에 직접 어필할 수 있는 기회를 제공받는 것이며, 기업의 입장에서는 서류전형만으로 알 수 없는 지원자에 대한 정보를 직접적으로 수집하고 평가하는 것이다.

② **면접의 특징** … 면접은 기업의 입장에서 서류전형이나 필기전형에서 드러나지 않는 지원자의 능력이나 성향을 볼 수 있는 기회로, 면대면으로 이루어지며 즉흥적인 질문들이 포함될 수 있기 때문에 지원자가 완벽하게 준비하기 어려운 부분이 있다. 하지만 지원자 입장에서도 서류전형이나 필기전형에서 모두 보여주지 못한 자신의 능력 등을 기업의 인사담당자에게 어필할 수 있는 추가적인 기회가 될 수도 있다.

[서류·필기전형과 차별화되는 면접의 특징]

- 직무수행과 관련된 다양한 지원자 행동에 대한 관찰이 가능하다.
- 면접관이 알고자 하는 정보를 심층적으로 파악할 수 있다.
- 서류상의 미비한 사항과 의심스러운 부분을 확인할 수 있다.
- 커뮤니케이션 능력, 대인관계 능력 등 행동·언어적 정보도 얻을 수 있다.

③ 면접의 유형

    ㉠ **구조화 면접** : 구조화 면접은 사전에 계획을 세워 질문의 내용과 방법, 지원자의 답변 유형에 따른 추가 질문과 그에 대한 평가 역량이 정해져 있는 면접 방식으로 표준화 면접이라고도 한다.

- 표준화된 질문이나 평가요소가 면접 전 확정되며, 지원자는 편성된 조나 면접관에 영향을 받지 않고 동일한 질문과 시간을 부여받을 수 있다.
- 조직 또는 직무별로 주요하게 도출된 역량을 기반으로 평가요소가 구성되어, 조직 또는 직무에서 필요한 역량을 가진 지원자를 선발할 수 있다.
- 표준화된 형식을 사용하는 특성 때문에 비구조화 면접에 비해 신뢰성과 타당성, 객관성이 높다.

    ㉡ **비구조화 면접** : 비구조화 면접은 면접 계획을 세울 때 면접 목적만을 명시하고 내용이나 방법은 면접관에게 전적으로 일임하는 방식으로 비표준화 면접이라고도 한다.

- 표준화된 질문이나 평가요소 없이 면접이 진행되며, 편성된 조나 면접관에 따라 지원자에게 주어지는 질문이나 시간이 다르다.
- 면접관의 주관적인 판단에 따라 평가가 이루어져 평가 오류가 빈번히 일어난다.
- 상황 대처나 언변이 뛰어난 지원자에게 유리한 면접이 될 수 있다.

④ 경쟁력 있는 면접 요령

    ㉠ 면접 전에 준비하고 유념할 사항

- 예상 질문과 답변을 미리 작성한다.
- 작성한 내용을 문장으로 외우지 않고 키워드로 기억한다.
- 지원한 회사의 최근 기사를 검색하여 기억한다.
- 지원한 회사가 속한 산업군의 최근 기사를 검색하여 기억한다.
- 면접 전 1주일간 이슈가 되는 뉴스를 기억하고 자신의 생각을 반영하여 정리한다.
- 찬반토론에 대비한 주제를 목록으로 정리하여 자신의 논리를 내세운 예상답변을 작성한다.

    ㉡ 면접장에서 유념할 사항

- 질문의 의도 파악 : 답변을 할 때에는 질문 의도를 파악하고 그에 충실한 답변이 될 수 있도록 질문사항을 유념해야 한다. 많은 지원자가 하는 실수 중 하나로 답변을 하는 도중 자기 말에 심취되어 질문의 의도와 다른 답변을 하거나 자신이 알고 있는 지식만을 나열하는 경우가 있는데, 이럴 경우 의사소통능력이 부족한 사람으로 인식될 수 있으므로 주의하도록 한다.

- 답변은 두괄식 : 답변을 할 때에는 두괄식으로 결론을 먼저 말하고 그 이유를 설명하는 것이 좋다. 미괄식으로 답변을 할 경우 용두사미의 답변이 될 가능성이 높으며, 결론을 이끌어 내는 과정에서 논리성이 결여될 우려가 있다. 또한 면접관이 결론을 듣기 전에 말을 끊고 다른 질문을 추가하는 예상치 못한 상황이 발생될 수 있으므로 답변은 자신이 전달하고자 하는 바를 먼저 밝히고 그에 대한 설명을 하는 것이 좋다.
- 지원한 회사의 기업정신과 인재상을 기억 : 답변을 할 때에는 회사가 원하는 인재라는 인상을 심어 주기 위해 지원한 회사의 기업정신과 인재상 등을 염두에 두고 답변을 하는 것이 좋다. 모든 회사에 해당되는 두루뭉술한 답변보다는 지원한 회사에 맞는 맞춤형 답변을 하는 것이 좋다.
- 나보다는 회사와 사회적 관점에서 답변 : 답변을 할 때에는 자기중심적인 관점을 피하고 좀 더 넓은 시각으로 회사와 국가, 사회적 입장까지 고려하는 인재임을 어필하는 것이 좋다. 자기중심적 시각을 바탕으로 자신의 출세만을 위해 회사에 입사하려는 인상을 심어줄 경우 면접에서 불이익을 받을 가능성이 높다.
- 난처한 질문은 정직한 답변 : 난처한 질문에 답변을 해야 할 때에는 피하기보다는 정면 돌파로 정직하고 솔직하게 답변하는 것이 좋다. 난처한 부분을 감추고 드러내지 않으려 회피하려는 지원자의 모습은 인사담당자에게 입사 후에도 비슷한 상황에 처했을 때 회피할 수도 있다는 우려를 심어줄 수 있다. 따라서 직장생활에 있어 중요한 덕목 중 하나인 정직을 바탕으로 솔직하게 답변을 하도록 한다.

(2) 면접의 종류 및 준비 전략

① 인성면접

　⊙ 면접 방식 및 판단기준
- 면접 방식 : 인성면접은 면접관이 가지고 있는 개인적 면접 노하우나 관심사에 의해 질문을 실시한다. 주로 입사지원서나 자기소개서의 내용을 토대로 지원동기, 과거의 경험, 미래 포부 등을 이야기하도록 하는 방식이다.
- 판단기준 : 면접관의 개인적 가치관과 경험, 해당 역량의 수준, 경험의 구체성·진실성 등

　⊙ 특징 : 인성면접은 그 방식으로 인해 역량과 무관한 질문들이 많고 지원자에게 주어지는 면접질문, 시간 등이 다를 수 있다. 또한 입사지원서나 자기소개서의 내용을 토대로 하기 때문에 지원자별 질문이 달라질 수 있다.

ⓒ 예시 문항 및 준비전략

• 예시 문항

> • 3분 동안 자기소개를 해 보십시오.
> • 자신의 장점과 단점을 말해 보십시오.
> • 학점이 좋지 않은데 그 이유가 무엇입니까?
> • 최근에 인상 깊게 읽은 책은 무엇입니까?
> • 회사를 선택할 때 중요시하는 것은 무엇입니까?
> • 일과 개인생활 중 어느 쪽을 중시합니까?
> • 10년 후 자신은 어떤 모습일 것이라고 생각합니까?
> • 휴학 기간 동안에는 무엇을 했습니까?

• 준비전략 : 인성면접은 입사지원서나 자기소개서의 내용을 바탕으로 하는 경우가 많으므로 자신이 작성한 입사지원서와 자기소개서의 내용을 충분히 숙지하도록 한다. 또한 최근 사회적으로 이슈가 되고 있는 뉴스에 대한 견해를 묻거나 시사상식 등에 대한 질문을 받을 수 있으므로 이에 대한 대비도 필요하다. 자칫 부담스러워 보이지 않는 질문으로 가볍게 대답하지 않도록 주의하고 모든 질문에 입사 의지를 담아 성실하게 답변하는 것이 중요하다.

② 발표면접

㉠ 면접 방식 및 판단기준

• 면접 방식 : 지원자가 특정 주제와 관련된 자료를 검토하고 그에 대한 자신의 생각을 면접관 앞에서 주어진 시간 동안 발표하고 추가 질의를 받는 방식으로 진행된다.

• 판단기준 : 지원자의 사고력, 논리력, 문제해결력 등

㉡ 특징 : 발표면접은 지원자에게 과제를 부여한 후, 과제를 수행하는 과정과 결과를 관찰 · 평가한다. 따라서 과제수행 결과뿐 아니라 수행과정에서의 행동을 모두 평가할 수 있다.

ⓒ 예시 문항 및 준비전략

• 예시 문항

[신입사원 조기 이직 문제]

※ 지원자는 아래에 제시된 자료를 검토한 뒤, 신입사원 조기 이직의 원인을 크게 0가지로 성리하고 이에 대한 구체적인 개선안을 도출해서 발표해 주시기 바랍니다.

※ 본 과제에 정해진 정답은 없으나 논리적 근거를 들어 개선안을 작성해 주십시오.

• A기업은 동종업계 유사기업들과 비교해 볼 때, 비교적 높은 재무안정성을 유지하고 있으며 업무강도가 그리 높지 않은 것으로 외부에 알려져 있음.

• 최근 조사결과, 동종업계 유사기업들과 연봉을 비교해 보았을 때 연봉 수준도 그리 나쁘지 않은 편이라는 것이 확인되었음.

• 그러나 지난 3년간 1~2년차 직원들의 이직률이 계속해서 증가하고 있는 추세이며, 경영진 회의에서 최우선 해결과제 중 하나로 거론되었음.

• 이에 따라 인사팀에서 현재 1~2년차 사원들을 대상으로 개선되어야 하는 A기업의 조직문화에 대한 설문조사를 실시한 결과, '상명하복식의 의사소통'이 36.7%로 1위를 차지했음.

• 이러한 설문조사와 함께, 신입사원 조기 이직에 대한 원인을 분석한 결과 파랑새 증후군, 셀프홀릭 증후군, 피터팬 증후군 등 3가지로 분류할 수 있었음.

〈동종업계 유사기업들과의 연봉 비교〉

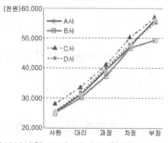

〈우리 회사 조직문화 중 개선되었으면 하는 것〉

〈신입사원 조기 이직의 원인〉

• 파랑새 증후군
 –현재의 직장보다 더 좋은 직장이 있을 것이라는 막연한 기대감으로 끊임없이 새로운 직장을 탐색함.
 –학력 수준과 맞지 않는 '하향지원', 전공과 적성을 고려하지 않고 일단 취업하고 보자는 '묻지마 지원'이 파랑새 증후군을 초래함.

• 셀프홀릭 증후군
 –본인의 역량에 비해 가치가 낮은 일을 주로 하면서 갈등을 느낌.

• 피터팬 증후군
 –기성세대의 문화를 무조건 수용하기보다는 자유로움과 변화를 추구함.
 –상명하복, 엄격한 규율 등 기성세대가 당연시하는 관행에 거부감을 가지며 직장에 답답함을 느낌.

• 준비전략 : 발표면접의 시작은 과제 안내문과 과제 상황, 과제 자료 등을 정확하게 이해하는 것에서 출발한다. 과제 안내문을 침착하게 읽고 제시된 주제 및 문제와 관련된 상황의 맥락을 파악한 후 과제를 검토한다. 제시된 기사나 그래프 등을 충분히 활용하여 주어진 문제를 해결할 수 있는 해결책이나 대안을 제시하며, 발표를 할 때에는 명확하고 자신 있는 태도로 전달할 수 있도록 한다.

③ 토론면접
  ㉠ 면접 방식 및 판단기준
  • 면접 방식 : 상호갈등적 요소를 가진 과제 또는 공통의 과제를 해결하는 내용의 토론 과제를 제시하고, 그 과정에서 개인 간의 상호작용 행동을 관찰하는 방식으로 면접이 진행된다.
  • 판단기준 : 팀워크, 적극성, 갈등 조정, 의사소통능력, 문제해결능력 등
  ㉡ 특징 : 토론을 통해 도출해 낸 최종안의 타당성도 중요하지만, 결론을 도출해 내는 과정에서의 의사소통능력이나 갈등상황에서 의견을 조정하는 능력 등이 중요하게 평가되는 특징이 있다.
  ㉢ 예시 문항 및 준비전략
  • 예시 문항

> • 군 가산점제 부활에 대한 찬반토론
> • 담뱃값 인상에 대한 찬반토론
> • 비정규직 철폐에 대한 찬반토론
> • 대학의 영어 강의 확대 찬반토론
> • 워크숍 장소 선정을 위한 토론

  • 준비전략 : 토론면접은 무엇보다 팀워크와 적극성이 강조된다. 따라서 토론과정에 적극적으로 참여하며 자신의 의사를 분명하게 전달하며, 갈등상황에서 자신의 의견만 내세울 것이 아니라 다른 지원자의 의견을 경청하고 배려하는 모습도 중요하다. 갈등상황을 일목요연하게 정리하여 조정하는 등의 의사소통능력을 발휘하는 것도 좋은 전략이 될 수 있다.

④ 상황면접
  ㉠ 면접 방식 및 판단기준
  • 면접 방식 : 상황면접은 직무 수행 시 접할 수 있는 상황들을 제시하고, 그러한 상황에서 어떻게 행동할 것인지를 이야기하는 방식으로 진행된다.
  • 판단기준 : 해당 상황에 적절한 역량의 구현과 구체적 행동지표

ⓛ 특징 : 실제 직무 수행 시 접할 수 있는 상황들을 제시하므로 입사 이후 지원자의 업무수행능력을 평가하는 데 적절한 면접 방식이다. 또한 지원자의 가치관, 태도, 사고방식 등의 요소를 통합적으로 평가하는 데 용이하다.

ⓒ 예시 문항 및 준비전략

• 예시 문항

> 당신은 생산관리팀의 팀원으로, 생산팀이 기한에 맞춰 효율적으로 제품을 생산할 수 있도록 관리하는 역할을 맡고 있습니다. 3개월 뒤에 제품A를 정상적으로 출시하기 위해 생산팀의 생산 계획을 수립한 상황입니다. 그러나 원가가 곧 실적으로 이어지는 구매팀에서는 최대한 원가를 줄여 전반적 단가를 낮추려고 원가절감을 위한 제안을 하였으나, 연구개발팀에서는 구매팀이 제안한 방식으로 제품을 생산할 경우 대부분이 구매팀의 실적으로 산정될 것이므로 제대로 확인도 해보지 않은 채 적합하지 않은 방식이라고 판단하고 있습니다. 당신은 어떻게 하겠습니까?

• 준비전략 : 상황면접은 먼저 주어진 상황에서 핵심이 되는 문제가 무엇인지를 파악하는 것에서 시작한다. 주질문과 세부질문을 통하여 질문의 의도를 파악하였다면, 그에 대한 구체적인 행동이나 생각 등에 대해 응답할수록 높은 점수를 얻을 수 있다.

⑤ 역할면접

㉠ 면접 방식 및 판단기준

• 면접 방식 : 역할면접 또는 역할연기 면접은 기업 내 발생 가능한 상황에서 부딪히게 되는 문제와 역할을 가상적으로 설정하여 특정 역할을 맡은 사람과 상호작용하고 문제를 해결해 나가도록 하는 방식으로 진행된다. 역할연기 면접에서는 면접관이 직접 역할연기를 하면서 지원자를 관찰하기도 하지만, 역할연기 수행만 전문적으로 하는 사람을 투입할 수도 있다.

• 판단기준 : 대처능력, 대인관계능력, 의사소통능력 등

ⓛ 특징 : 역할면접은 실제 상황과 유사한 가상 상황에서의 행동을 관찰함으로서 지원자의 성격이나 대처 행동 등을 관찰할 수 있다.

ⓒ 예시 문항 및 준비전략

• 예시 문항

> [금융권 역할면접의 예]
> 당신은 ○○은행의 신입 텔러이다. 사람이 많은 월말 오전 한 할아버지(면접관 또는 역할담당자)께서 ○○은행을 사칭한 보이스피싱으로 500만 원을 피해 보았다며 소란을 일으키고 있다. 실제 업무상황이라고 생각하고 상황에 대처해 보시오.

• 준비전략 : 역할연기 면접에서 측정하는 역량은 주로 갈등의 원인이 되는 문제를 해결 하고 제시된 해결방안을 상대방에게 설득하는 것이다. 따라서 갈등해결, 문제해결, 조정·통합, 설득력과 같은 역량이 중요시된다. 또한 갈등을 해결하기 위해서 상대방에 대한 이해도 필수적인 요소이므로 고객지향을 염두에 두고 상황에 맞게 대처해야 한다.

역할면접에서는 변별력을 높이기 위해 면접관이 압박적인 분위기를 조성하는 경우가 많기 때문에 스트레스 상황에서 불안해하지 않고 유연하게 대처할 수 있도록 시간과 노력을 들여 충분히 연습하는 것이 좋다.

2 면접 이미지 메이킹

(1) 성공적인 이미지 메이킹 포인트

① 복장 및 스타일

　㉠ 남성

• 양복 : 양복은 단색으로 하며 넥타이나 셔츠로 포인트를 주는 것이 효과적이다. 짙은 회색이나 감청색이 가장 단정하고 품위 있는 인상을 준다.
• 셔츠 : 흰색이 가장 선호되나 자신의 피부색에 맞추는 것이 좋다. 푸른 색이나 베이지색은 산뜻한 느낌을 줄 수 있다. 양복과의 배색도 고려하도록 한다.
• 넥타이 : 의상에 포인트를 줄 수 있는 아이템이지만 너무 화려한 것은 피한다. 지원자의 피부색은 물론, 정장과 셔츠의 색을 고려하며, 체격에 따라 넥타이 폭을 조절하는 것이 좋다.
• 구두&양말 : 구두는 검정색이나 짙은 갈색이 어느 양복에나 무난하게 어울리며 깔끔하게 닦아 준비한다. 양말은 정장과 동일한 색상이나 검정색을 착용한다.
• 헤어스타일 : 머리스타일은 단정한 느낌을 주는 짧은 헤어스타일이 좋으며 앞머리가 있다면 이마나 눈썹을 가리지 않는 선에서 정리하는 것이 좋다.

    ⓛ 여성

- 의상 : 단정한 스커트 투피스 정장이나 슬랙스 슈트가 무난하다. 블랙이나 그레이, 네이비, 브라운 등 차분해 보이는 색상을 선택하는 것이 좋다.
- 소품 : 구두, 핸드백 등을 같은 계열로 코디하는 것이 좋으며 구두는 너무 화려한 디자인이나 굽이 높은 것을 피한다. 스타킹은 의상과 구두에 맞춰 단정한 것으로 선택한다.
- 액세서리 : 액세서리는 너무 크거나 화려한 것은 좋지 않으며 과하게 많이 하는 것도 좋은 인상을 주지 못한다. 착용하지 않거나 작고 깔끔한 디자인으로 포인트를 주는 정도가 적당하다.
- 메이크업 : 화장은 자연스럽고 밝은 이미지를 표현하는 것이 좋으며 진한 색조는 인상이 강해 보일 수 있으므로 피한다.
- 헤어스타일 : 커트나 단발처럼 짧은 머리는 활동적이면서도 단정한 이미지를 줄 수 있도록 정리한다. 긴 머리의 경우 하나로 묶거나 단정한 머리망으로 정리하는 것이 좋으며, 짙은 염색이나 화려한 웨이브는 피한다.

② 인사

    ㉠ 인사의 의미 : 인사는 예의범절의 기본이며 상대방의 마음을 여는 기본적인 행동이라고 할 수 있다. 인사는 처음 만나는 면접관에게 호감을 살 수 있는 가장 쉬운 방법이 될 수 있기도 하지만 제대로 예의를 지키지 않으면 지원자의 인성 전반에 대한 평가로 이어질 수 있으므로 각별히 주의해야 한다.

    ㉡ 인사의 핵심 포인트

- 인사말 : 인사말을 할 때에는 밝고 친근감 있는 목소리로 하며, 자신의 이름과 수험번호 등을 간략하게 소개한다.
- 시선 : 인사는 상대방의 눈을 보며 하는 것이 중요하며 너무 빤히 쳐다본다는 느낌이 들지 않도록 주의한다.
- 표정 : 인사는 마음에서 우러나오는 존경이나 반가움을 표현하고 예의를 차리는 것이므로 살짝 미소를 지으며 하는 것이 좋다.
- 자세 : 인사를 할 때에는 가볍게 목만 숙인다거나 흐트러진 상태에서 인사를 하지 않도록 주의하며 절도 있고 확실하게 하는 것이 좋다.

③ 시선처리와 표정, 목소리

　　㉠ 시선처리와 표정 : 표정은 면접에서 지원자의 첫인상을 결정하는 중요한 요소이다. 얼굴표정은 사람의 감정을 가장 잘 표현할 수 있는 의사소통 도구로 표정 하나로 상대방에게 호감을 주거나, 비호감을 사기도 한다. 호감이 가는 인상의 특징은 부드러운 눈썹, 자연스러운 미간, 적당히 볼록한 광대, 올라간 입 꼬리 등으로 가볍게 미소를 지을 때의 표정과 일치한다. 따라서 면접 중에는 밝은 표정으로 미소를 지어 호감을 형성할 수 있도록 한다. 시선은 면접관과 고르게 맞추되 생기 있는 눈빛을 띄도록 하며, 너무 빤히 쳐다본다는 인상을 주지 않도록 한다.

　　㉡ 목소리 : 면접은 주로 면접관과 지원자의 대화로 이루어지므로 목소리가 미치는 영향이 상당하다. 답변을 할 때에는 부드러우면서도 활기차고 생동감 있는 목소리로 하는 것이 면접관에게 호감을 줄 수 있으며 적당한 제스처가 더해진다면 상승효과를 얻을 수 있다. 그러나 적절한 답변을 하였음에도 불구하고 콧소리나 날카로운 목소리, 자신감 없는 작은 목소리는 답변의 신뢰성을 떨어뜨릴 수 있으므로 주의하도록 한다.

④ 자세

　　㉠ 걷는 자세
　　　• 면접장에 입실할 때에는 상체를 곧게 유지하고 발끝은 평행이 되게 하며 무릎을 스치듯 11자로 걷는다.
　　　• 시선은 정면을 향하고 턱은 가볍게 당기며 어깨나 엉덩이가 흔들리지 않도록 주의한다.
　　　• 발바닥 전체가 닿는 느낌으로 안정감 있게 걸으며 발소리가 나지 않도록 주의한다.
　　　• 보폭은 어깨넓이만큼이 적당하지만, 스커트를 착용했을 경우 보폭을 줄인다.
　　　• 걸을 때도 미소를 유지한다.

　　㉡ 서있는 자세
　　　• 몸 전체를 곧게 펴고 가슴을 자연스럽게 내민 후 등과 어깨에 힘을 주지 않는다.
　　　• 정면을 바라본 상태에서 턱을 약간 당기고 아랫배에 힘을 주어 당기며 바르게 선다.
　　　• 양 무릎과 발뒤꿈치는 붙이고 발끝은 11자 또는 V형을 취한다.
　　　• 남성의 경우 팔을 자연스럽게 내리고 양손을 가볍게 쥐어 바지 옆선에 붙이고, 여성의 경우 공수 자세를 유지한다.

ⓒ 앉은 자세

• 남성

- 의자 깊숙이 앉고 등받이와 등 사이에 주먹 1개 정도의 간격을 두며 기대듯 앉지 않도록 주의한다. (남녀 공통 사항)
- 무릎 사이에 주먹 ?개 정도의 간격을 유지하고 발끝은 11자를 취한다.
- 시선은 정면을 바라보며 턱은 가볍게 당기고 미소를 짓는다. (남녀 공통 사항)
- 양손은 가볍게 주먹을 쥐고 무릎 위에 올려놓는다.
- 앉고 일어날 때에는 자세가 흐트러지지 않도록 주의한다. (남녀 공통 사항)

• 여성

- 스커트를 입었을 경우 왼손으로 뒤쪽 스커트 자락을 누르고 오른손으로 앞쪽 자락을 누르며 의자에 앉는다.
- 무릎은 붙이고 발끝을 가지런히 하며, 다리를 왼쪽으로 비스듬히 기울이면 단정해 보이는 효과가 있다.
- 양손을 모아 무릎 위에 모아 놓으며 스커트를 입었을 경우 스커트 위를 가볍게 누르듯이 올려놓는다.

(2) 면접 예절

① 행동 관련 예절

㉠ 지각은 절대금물 : 시간을 지키는 것은 예절의 기본이다. 지각을 할 경우 면접에 응시할 수 없거나, 면접 기회가 주어지더라도 불이익을 받을 가능성이 높아진다. 따라서 면접장소가 결정되면 교통편과 소요시간을 확인하고 가능하다면 사전에 미리 방문해 보는 것도 좋다. 면접 당일에는 서둘러 출발하여 면접 시간 20~30분 전에 도착하여 회사를 둘러보고 환경에 익숙해지는 것도 성공적인 면접을 위한 요령이 될 수 있다.

㉡ 면접 대기 시간 : 지원자들은 대부분 면접장에서의 행동과 답변 등으로만 평가를 받는다고 생각하지만 그렇지 않다. 면접관이 아닌 면접진행자 역시 대부분 인사실무자이며 면접관이 면접 후 지원자에 대한 평가에 있어 확신을 위해 면접진행자의 의견을 구한다면 면접진행자의 의견이 당락에 영향을 줄 수 있다. 따라서 면접 대기 시간에도 행동과 말을 조심해야 하며, 면접을 마치고 돌아가는 순간까지도 긴장을 늦춰서는 안 된다. 면접 중 압박적인 질문에 답변을 잘 했지만, 면접장을 나와 흐트러진 모습을 보이거나 욕설을 한다면 면접 탈락의 요인이 될 수 있으므로 주의해야 한다.

ⓒ 입실 후 태도 : 본인의 차례가 되어 호명되면 또렷하게 대답하고 들어간다. 만약 면접장 문이 닫혀
있다면 상대에게 소리가 들릴 수 있을 정도로 노크를 두세 번 한 후 대답을 듣고 나서 들어가야
한다. 문을 여닫을 때에는 소리가 나지 않게 조용히 하며 공손한 자세로 인사한 후 성명과 수험번
호를 말하고 면접관의 지시에 따라 자리에 앉는다. 이 경우 착석하라는 말이 없는데 먼저 의자에
앉으면 무례한 사람으로 보일 수 있으므로 주의한다. 의자에 앉을 때에는 끝에 앉지 말고 무릎 위
에 양손을 가지런히 얹는 것이 예절이라고 할 수 있다.

ⓓ 옷매무새를 자주 고치지 마라. : 일부 지원자의 경우 옷매무새 또는 헤어스타일을 자주 고치거나 확
인하기도 하는데 이러한 모습은 과도하게 긴장한 것 같아 보이거나 면접에 집중하지 못하는 것으
로 보일 수 있다. 남성 지원자의 경우 넥타이를 자꾸 고쳐 맨다거나 정장 상의 끝을 너무 자주 만
지작거리지 않는다. 여성 지원자는 머리를 계속 쓸어 올리지 않고, 특히 짧은 치마를 입고서 신경
이 쓰여 치마를 끌어 내리는 행동은 좋지 않다.

ⓔ 다리를 떨거나 산만한 시선은 면접 탈락의 지름길 : 자신도 모르게 다리를 떨거나 손가락을 만지는
등의 행동을 하는 지원자가 있는데, 이는 면접관의 주의를 끌 뿐만 아니라 불안하고 산만한 사람
이라는 느낌을 주게 된다. 따라서 가능한 한 바른 자세로 앉아 있는 것이 좋다. 또한 면접관과 시
선을 맞추지 못하고 여기저기 둘러보는 듯한 산만한 시선은 지원자가 거짓말을 하고 있다고 여겨
지거나 신뢰할 수 없는 사람이라고 생각될 수 있다.

② 답변 관련 예절

ⓐ 면접관이나 다른 지원자와 가치 논쟁을 하지 않는다. : 질문을 받고 답변하는 과정에서 면접관 또는
다른 지원자의 의견과 다른 의견이 있을 수 있다. 특히 평소 지원자가 관심이 많은 문제이거나 잘
알고 있는 문제인 경우 자신과 다른 의견에 대해 이의가 있을 수 있다. 하지만 주의할 것은 면접
에서 면접관이나 다른 지원자와 가치 논쟁을 할 필요는 없다는 것이며 오히려 불이익을 당할 수
도 있다. 정답이 정해져 있지 않은 경우에는 가치관이나 성장배경에 따라 문제를 받아들이는 태도
에서 답변까지 충분히 차이가 있을 수 있으므로 굳이 면접관이나 다른 지원자의 가치관을 지적하
고 고치려 드는 것은 좋지 않다.

ⓑ 답변은 항상 정직해야 한다. : 면접이라는 것이 아무리 지원자의 장점을 부각시키고 단점을 축소시
키는 것이라고 해도 절대로 거짓말을 해서는 안 된다. 거짓말을 하게 되면 지원자는 불안하거나
꺼림칙한 마음이 들게 되어 면접에 집중을 하지 못하게 되고 수많은 지원자를 상대하는 면접관은
그것을 놓치지 않는다. 거짓말은 그 지원자에 대한 신뢰성을 떨어뜨리며 이로 인해 다른 스펙이
아무리 훌륭하다고 해도 채용에서 탈락하게 될 수 있음을 명심하도록 한다.

ⓒ 경력직을 경우 전 직장에 대해 험담하지 않는다. : 지원자가 전 직장에서 무슨 업무를 담당했고 어떤 성과를 올렸는지는 면접관이 관심을 둘 사항일 수 있지만, 이전 직장의 기업문화나 상사들이 어땠는지는 그다지 궁금해 하는 사항이 아니다. 전 직장에 대해 험담을 늘어놓는다든가, 동료와 상사에 대한 악담을 하게 된다면 오히려 지원자에 대한 부정적인 이미지만 심어줄 수 있다. 만약 전 직장에 대한 말을 해야 할 경우가 생긴다면 가능한 한 객관적으로 이야기하는 것이 좋다.

ⓔ 사기 자신이나 배경에 대해 자랑하지 않는다. : 자신의 성취나 부모 형제 등 집안사람들이 사회·경제적으로 어떠한 위치에 있는지에 대한 자랑은 면접관으로 하여금 지원자에 대해 오만한 사람이거나 배경에 의존하려는 나약한 사람이라는 이미지를 갖게 할 수 있다. 따라서 자기 자신이나 배경에 대해 자랑하지 않도록 하고, 자신이 한 일에 대해서 너무 자세하게 얘기하지 않도록 주의해야 한다.

3 면접 질문 및 답변 포인트

(1) 가족 및 대인관계에 관한 질문

① 당신의 가정은 어떤 가정입니까?

면접관들은 지원자의 가정환경과 성장과정을 통해 지원자의 성향을 알고 싶어 이와 같은 질문을 한다. 비록 가정 일과 사회의 일이 완전히 일치하는 것은 아니지만 '가화만사성'이라는 말이 있듯이 가정이 화목해야 사회에서도 화목하게 지낼 수 있기 때문이다. 그러므로 답변 시에는 가족사항을 정확하게 설명하고 집안의 분위기와 특징에 대해 이야기하는 것이 좋다.

② 친구 관계에 대해 말해 보십시오.

지원자의 인간성을 판단하는 질문으로 교우관계를 통해 답변자의 성격과 대인관계능력을 파악할 수 있다. 새로운 환경에 적응을 잘하여 새로운 친구들이 많은 것도 좋지만, 깊고 오래 지속되어온 인간관계를 말하는 것이 더욱 바람직하다.

(2) 성격 및 가치관에 관한 질문

① 당신의 PR포인트를 말해 주십시오.

PR포인트를 말할 때에는 지나치게 겸손한 태도는 좋지 않으며 적극적으로 자기를 주장하는 것이 좋다. 앞으로 입사 후 하게 될 업무와 관련된 자기의 특성을 구체적인 일화를 더하여 이야기하도록 한다.

② 당신의 장·단점을 말해 보십시오.

지원자의 구체적인 장·단점을 알고자 하기 보다는 지원자가 자기 자신에 대해 얼마나 알고 있으며 어느 정도의 객관적인 분석을 하고 있나, 그리고 개선의 노력 등을 시도하는지를 파악하고자 하는 것이다. 따라서 장점을 말할 때는 업무와 관련된 장점을 뒷받침할 수 있는 근거와 함께 제시하며, 단점을 이야기할 때에는 극복을 위한 노력을 반드시 포함해야 한다.

③ 가장 존경하는 사람은 누구입니까?

존경하는 사람을 말하기 위해서는 우선 그 인물에 대해 알아야 한다. 잘 모르는 인물에 대해 존경한다고 말하는 것은 면접관에게 바로 지적당할 수 있으므로, 추상적이라도 좋으니 평소에 존경스럽다고 생각했던 사람에 대해 그 사람의 어떤 점이 좋고 존경스러운지 대답하도록 한다. 또한 자신에게 어떤 영향을 미쳤는지도 언급하면 좋다.

(3) 학교생활에 관한 질문

① 지금까지의 학교생활 중 가장 기억에 남는 일은 무엇입니까?

가급적 직장생활에 도움이 되는 경험을 이야기하는 것이 좋다. 또한 경험만을 간단하게 말하지 말고 그 경험을 통해서 얻을 수 있었던 교훈 등을 예시와 함께 이야기하는 것이 좋으나 너무 상투적인 답변이 되지 않도록 주의해야 한다.

② 성적은 좋은 편이었습니까?

면접관은 이미 서류심사를 통해 지원자의 성적을 알고 있다. 그럼에도 불구하고 이 질문을 하는 것은 지원자가 성적에 대해서 어떻게 인식하느냐를 알고자 하는 것이다. 성적이 나빴던 이유에 대해서 변명하려 하지 말고 담백하게 받아드리고 그것에 대한 개선노력을 했음을 밝히는 것이 적절하다.

③ 학창시절에 시위나 집회 등에 참여한 경험이 있습니까?

기업에서는 노사분규를 기업의 사활이 걸린 중대한 문제로 인식하고 거시적인 차원에서 접근한다. 이러한 기업문화를 제대로 인식하지 못하여 학창시절의 시위나 집회 참여 경험을 자랑스럽게 답변할 경우 감점요인이 되거나 심지어는 탈락할 수 있다는 사실에 주의한다. 시위나 집회에 참가한 경험을 말할 때에는 타당성과 정도에 유의하여 답변해야 한다.

⑷ 지원동기 및 직업의식에 관한 질문

① 왜 우리 회사를 지원했습니까?
이 질문은 어느 회사나 가장 먼저 물어보고 싶은 것으로 지원자들은 기업의 이념, 대표의 경영능력, 재무구조, 복리후생 등 외적인 부분을 설명하는 경우가 많다. 이러한 답변도 색설하지만 지원 회사의 주력 상품에 관한 소비자이 인지도, 성생사 제품과의 시장점유율을 비교하면서 입사동기를 설명한다면 상당히 주목 받을 수 있을 것이다.

② 만약 이번 채용에 불합격하면 어떻게 하겠습니까?
불합격할 것을 가정하고 회사에 응시하는 지원자는 거의 없을 것이다. 이는 지원자를 궁지로 몰아넣고 어떻게 대응하는지를 살펴보며 입사 의지를 알아보려고 하는 것이다. 이 질문은 너무 깊이 들어가지 말고 침착하게 답변하는 것이 좋다.

③ 당신이 생각하는 바람직한 사원상은 무엇입니까?
직장인으로서 또는 조직의 일원으로서의 자세를 묻는 질문으로 지원하는 회사에서 어떤 인재상을 요구하는 가를 알아두는 것이 좋으며, 평소에 자신의 생각을 미리 정리해 두어 당황하지 않도록 한다.

④ 직무상의 적성과 보수의 많음 중 어느 것을 택하겠습니까?
이런 질문에서 회사 측에서 원하는 답변은 당연히 직무상의 적성에 비중을 둔다는 것이다. 그러나 적성만을 너무 강조하다 보면 오히려 솔직하지 못하다는 인상을 줄 수 있으므로 어느 한 쪽을 너무 강조하거나 경시하는 태도는 바람직하지 못하다.

⑤ 상사와 의견이 다를 때 어떻게 하겠습니까?
과거와 다르게 최근에는 상사의 명령에 무조건 따르겠다는 수동적인 자세는 바람직하지 않다. 회사에서는 때에 따라 자신이 판단하고 행동할 수 있는 직원을 원하기 때문이다. 그러나 지나치게 자신의 의견만을 고집한다면 이는 팀원 간의 불화를 야기할 수 있으며 팀 체제에 악영향을 미칠 수 있으므로 선호하지 않는다는 것에 유념하여 답해야 한다.

⑥ 근무지가 지방인데 근무가 가능합니까?
근무지가 지방 중에서도 특정 지역은 되고 다른 지역은 안 된다는 답변은 바람직하지 않다. 직장에서는 순환 근무라는 것이 있으므로 처음에 지방에서 근무를 시작했다고 해서 계속 지방에만 있는 것은 아님을 유의하고 답변하도록 한다.

(5) 여가 활용에 관한 질문

취미가 무엇입니까?

기초적인 질문이지만 특별한 취미가 없는 지원자의 경우 대답이 애매할 수밖에 없다. 그래서 가장 많이 대답하게 되는 것이 독서, 영화감상, 혹은 음악감상 등과 같은 흔한 취미를 말하게 되는데 이런 취미는 면접관의 주의를 끌기 어려우며 설사 정말 위와 같은 취미를 가지고 있다하더라도 제대로 답변하기는 힘든 것이 사실이다. 가능하면 독특한 취미를 말하는 것이 좋으며 이제 막 시작한 것이라도 열의를 가지고 있음을 설명할 수 있으면 그것을 취미로 답변하는 것도 좋다.

(6) 지원자를 당황하게 하는 질문

① 성적이 좋지 않은데 이 정도의 성적으로 우리 회사에 입사할 수 있다고 생각합니까?

비록 자신의 성적이 좋지 않더라도 이미 서류심사에 통과하여 면접에 참여하였다면 기업에서는 지원자의 성적보다 성적 이외의 요소, 즉 성격·열정 등을 높이 평가했다는 것이라고 할 수 있다. 그러나 이런 질문을 받게 되면 지원자는 당황할 수 있으나 주눅 들지 말고 침착하게 대처하는 면모를 보인다면 더 좋은 인상을 남길 수 있다.

② 우리 회사 회장님 함자를 알고 있습니까?

회장이나 사장의 이름을 조사하는 것은 면접일을 통고받았을 때 이미 사전 조사되었어야 하는 사항이다. 단답형으로 이름만 말하기보다는 그 기업에 입사를 희망하는 지원자의 입장에서 답변하는 것이 좋다.

③ 당신은 이 회사에 적합하지 않은 것 같군요.

이 질문은 지원자의 입장에서 상당히 곤혹스러울 수밖에 없다. 질문을 듣는 순간 그렇다면 면접은 왜 참가시킨 것인가 하는 생각이 들 수도 있다. 하지만 당황하거나 흥분하지 말고 침착하게 자신의 어떤 면이 회사에 적당하지 않은지 겸손하게 물어보고 지적당한 부분에 대해서 고치겠다는 의지를 보인다면 오히려 자신의 능력을 어필할 수 있는 기회로 사용할 수도 있다.

④ 다시 공부할 계획이 있습니까?

이 질문은 지원자가 합격하여 직장을 다니다가 공부를 더 하기 위해 회사를 그만 두거나 학습에 더 관심을 두어 일에 대한 능률이 저하될 것을 우려하여 묻는 것이다. 이때에는 당연히 학습보다는 일을 강조해야 하며, 업무 수행에 필요한 학습이라면 업무에 지장이 없는 범위에서 야간학교를 다니거나 회사에서 제공하는 연수 프로그램 등을 활용하겠다고 답변하는 것이 적당하다.

⑤ 지원한 분야가 전공한 분야와 다른데 여기 일을 할 수 있겠습니까?

수험생의 입장에서 본다면 지원한 분야와 전공이 다르지만 서류전형과 필기전형에 합격하여 면접을 보게 된 경우라고 할 수 있다. 이는 결국 해당 회사의 채용 방침상 전공에 크게 영향을 받지 않는다는 것이므로 무엇보다 자신이 전공하지는 않았지만 어떤 업무도 적극적으로 임할 수 있다는 지신감과 능동적인 자세를 보여주도록 노력하는 것이 좋다.

4 SK하이닉스 면접기출

① 인생의 목표가 무엇인가?

② 우리 회사에서 본인을 꼭 뽑아야 하는 이유는 무엇인가?

③ 당신의 성격이 직무에 어떤 기여를 할 수 있겠는가?

④ 주변 사람들이 본인에 대해 어떻게 평가하는가?

⑤ 삼성과 SK하이닉스의 차이는 무엇인가?

⑥ SK하이닉스에 입사해서 가장 먼저 하고 싶은 업무는 무엇인가?

⑦ 업무 수행에 있어 가장 중요한 역량은 무엇이라고 생각하는가?

⑧ 본인은 창의성이 있는 편이라고 생각하는가?

⑨ 자신의 학교에 대해 자랑해 본다면?

⑩ 우리 회사에 입사하기 위해 노력한 것은 무엇인가?

⑪ SK하이닉스의 약점은 무엇이라고 생각하는가?

⑫ 도체와 반도체, 부도체의 차이에 대해 설명해 보시오.

⑬ 자신의 가치관을 영어로 말해 보시오.

⑭ 면접관에게 하고 싶은 질문이 있다면 해 보시오.

⑮ 본인을 동물에 비유한다면 어떤 동물이고, 그 이유는 무엇인가?

⑯ 입사 후 상사와 마찰이 있다면 어떻게 극복할 것인가?

⑰ SK하이닉스에서 주로 생산하는 제품이 무엇인지 아는가?

⑲ 휴일 근무에 대한 본인에 생각을 말해 보시오.

⑳ 마지막으로 각오 한 마디를 한다면?

Check List

- [ ]
- [ ]
- [ ]
- [ ]
- [ ]
- [ ]
- [ ]
- [ ]
- [ ]
- [ ]
- [ ]
- [ ]
- [ ]
- [ ]
- [ ]
- [ ]
- [ ]

Check List

- [ ]
- [ ]
- [ ]
- [ ]
- [ ]
- [ ]
- [ ]
- [ ]
- [ ]
- [ ]
- [ ]
- [ ]
- [ ]
- [ ]
- [ ]
- [ ]
- [ ]
- [ ]
- [ ]

상식은 "용어사전"

용어사전으로 중요한 용어만 한눈에 보자

① 시사용어사전 1200
매일 접하는 각종 기사와 정보 속에서 현대인이
놓치기 쉬운, 그러나 꼭 알아야 할 최신 시사상식
을 쏙쏙 뽑아 이해하기 쉽도록 정리했다!

② 경제용어사전 1030
주요 경제용어는 거의 다 실었다! 경제가 쉬워지
는 책, 경제용어사전!

③ 부동산용어사전 1300
부동산에 대한 이해를 높이고 부동산의 개발과 활
용, 투자 및 부동산 용어 학습에도 적극적으로 이
용할 수 있는 부동산용어사전!

중요한 용어만 공부하자!

- 최신 관련 기사 수록
- 다양한 용어를 수록하여 1000개 이상의 용어 한눈에 파악
- 용어별 중요도 표시 및 꼼꼼한 용어 설명
- 파트별 TEST를 통해 실력점검